Heidelore Kluge
Hildegard von Bingen – Mond und Sonne

Hildegard von Bingen
Heidelore Kluge

Mond und Sonne

MOEWIG

Hinweis: Die Ratschläge und Empfehlungen dieses Buches wurden von Autor und Verlag nach bestem Wissen und Gewissen erarbeitet und sorgfältig geprüft. Dennoch kann eine Garantie nicht übernommen werden. Eine Haftung des Autors, des Verlags oder seiner Beauftragten für Personen-, Sach- oder Vermögensschäden ist ausgeschlossen. In allen medizinischen Fragen ist der Rat des Arztes maßgebend.

Originalausgabe
© by VPM Verlagsunion Pabel Moewig KG, Rastatt
Alle Rechte vorbehalten
Printed in Germany 1998
ISBN 3-8118-4702-3

Inhalt

Mensch und Kosmos gehören zusammen — 7

Die Rhythmen des Lebens — 9
  Die Jahreszeiten 10 • Chronobiologie 11 • Krankheitsrhythmen 17 • Lebensrhythmen 18 • Kinder brauchen Rhythmen 19 • Lernen, auf die Rhythmen zu lauschen 21

Die Elemente: Stoffe, aus denen die Welt besteht — 22
  Feuer 26 • Luft 28 • Erde 31 • Wasser 33

Astronomie und Astrologie — 37

Der Einfluß des Mondes — 43
  Der Mond und das Meer 44 • Der Mond und die Pflanzen 44 • Der Mond und unser Alltag 53 • Der Mond und die Psyche 54 • Der Mond und die Säfte 55
  Der Mond und die Frauen 57 • Der Mond und die Zeugung bzw. die Empfängnis 58

Der Einfluß der Sonne — 72

Der Einfluß der Planeten — 74
  Metalle, Getreide und Farben 76 • Die sieben Wochentage 78

Der Einfluß der Sternzeichen — 95
  Widder 99 • Stier 100 • Zwillinge 101 • Krebs 102
  Löwe 103 • Jungfrau 104 • Waage 105 • Skorpion 105
  Schütze 107 • Steinbock 108 • Wassermann 109
  Fische 110

Die Jahresfeste 111
   Januar 111 • Februar 112 • März 112 • April 113
   Mai 114 • Juni 114 • September 115 • November 115
   Dezember 116

Gedanken zur Jahreswende 118

Hildegard von Bingen – Kurzbiographie 124

Register 125

Mensch und Kosmos gehören zusammen

HILDEGARD von Bingen war keine Astrologin und besaß – verglichen mit den Forschern des Altertums – auch nicht sehr viel Wissen über die Feinheiten der Astronomie. Aber sie sah sehr wohl die großen Zusammenhänge: daß nämlich nichts im Leben ohne Einfluß auf andere Lebensbereiche bleibt. Alle Dinge haben einen Bezug zueinander – das versucht sie immer wieder in ihren Büchern über Steine, Pflanzen, Tiere und Gestirne zu vermitteln. Das Interessanteste an ihren Forschungen über die Gestirne ist wohl, daß sie – im Gegensatz zu den damaligen und heutigen Astrologen – der Überzeugung ist, daß nicht wir von den Sternen abhängig sind, sondern die Sterne in ihrer Wesensart auf uns und unsere Taten reagieren. Dies bedeutet für den Menschen eine große Verantwortung – es heißt nämlich, daß wir nicht nur unserer unmittelbaren Umwelt, sondern dem gesamten Kosmos gegenüber in der Pflicht stehen.

Eine weitere wichtige Aussage Hildegards ist, daß das gesamte Leben sich in bestimmten Rhythmen bewegt. Nichts ist willkürlich, sondern alles hat seine Zeit – Säen und Ernten, Sommer und Winter, Jugend und Alter. In diesen Rhythmen mitzuschwingen – sie nicht zu ignorieren oder ihnen gar entgegenzuwirken – bedeutet für den Menschen Geborgenheit in einem größeren kosmischen Zusammenhang. Zu diesem gehört die kleinste, unscheinbarste Pflanze genauso wie die Planeten, die größer sind als unser Heimatplanet, die Erde. Jedes hat einen Bezug zum anderen – dies zu erkennen offenbart uns das größte Wunder des Lebens.

Rhythmen des Lebens

Bereits mit unserem ersten Atemzug, mit unserem ersten Herzschlag, setzen Rhythmen ein, die ordnend und tragend unser Leben hindurch das Dasein bestimmen: Jedem Ausatmen folgt ein Einatmen, jedem Einschlafen ein Erwachen, jeder Nahrungsaufnahme der Verdauungsprozeß. Hildegard von Bingen schreibt – vor allem in ihrem Werk *Causae et Curae* – immer wieder über den innigen Zusammenhang des Menschen mit dem Kosmos, der ja auch seinen eigenen Rhythmen folgt, damit das Leben auf der Erde bestehen kann und die kosmischen Harmonien, die dieses erst ermöglichen, gewahrt werden. Moderne Forschungen bestätigen heute, was Hildegard von Bingen bereits vor Jahrhunderten erkannt hat.

Die Rhythmen irdischen Lebens sind also durchaus keine isolierten Phänomene, sondern sie schwingen ihrerseits mit in den kosmischen Rhythmen. Schon in der antiken Welt wußte man um den gesetzmäßigen (rhythmischen) Aufbau des Alls. So sprach bereits der griechische Mathematiker Pythagoras (ca. 570–480 v. Chr.) von der „Sphärenmusik", die durch die harmonischen Bewegungen der Gestirne entsteht. Auch Hildegard von Bingen schreibt darüber:

„Bei seiner Umdrehung bringt das Firmament wunderbare Töne hervor, die wir jedoch wegen seiner zu großen Höhe und Weite nicht hören können." (*Causae et Curae*)

Die Sternbilder, die Bilder des Tierkreises, hatten einst eine viel tiefere Bedeutung für den Menschen und die Erde, als man ihnen heute beimißt, wo sie fast nur noch für die Stellung von Horoskopen Beachtung finden. Nicht von ungefähr gibt es in allen alten Kulturvölkern Sagen und Mythen – z. B. über Andromeda, über Orion, über den Großen Wagen usw. Wir besinnen uns erst in jüngster Zeit wieder auf die Kräfte, die aus dem

Kosmos wirken – und die sich von uns nutzen lassen, wenn wir nur ihre Gesetzmäßigkeiten anerkennen.

Die Jahreszeiten

Hildegard von Bingen schreibt in *Causae et Curae*, daß die Erde zwar von Natur aus kalt, aber doch so beschaffen sei, daß sie die Kraft hat, „wachsen und welken zu lassen, Keime hervorzubringen, Lebewesen am Leben zu erhalten und alles zu tragen".

Sie beschreibt die Temperaturveränderungen im Sommer und im Winter folgendermaßen:

„Die Erde ist im Sommer weiter unten kalt, weil dann die Sonne durch die Kraft ihrer Strahlen wachsen läßt. Im Winter dagegen ist sie weiter unten warm, denn andernfalls würde sie infolge der strengen Kälte zerreißen. ... Im Winter ist die Sonne über der Erde unfruchtbar und lenkt ihre Wärme unter die Erde, damit diese die verschiedenen Keime bewahren kann, und so bringt sie mit Wärme und Kälte alle Keime hervor." (*Causae et Curae*)

Hildegard schließt diese Passage mit den schönen Worten:

„Gott hat die Erde so angelegt, daß sie zur passenden Zeit keimen läßt und zur passenden Zeit mit dem Keimen aufhört, so wie auch der Mond zunimmt und abnimmt." (*Causae et Curae*)

Heute wissen wir, daß durch die unterschiedliche Stellung der Erde zur Sonne für uns Mitteleuropäer die Rhythmen der Jahreszeiten entstehen. Es ist das Charakteristische unserer gemäßigten Zonen, daß das Jahr nicht gleichmäßig abläuft, sondern sich in unterschiedliche Abschnitte gliedert, die, indem sie immer neue Empfindungen hervorrufen, einen bedeutenden Einfluß auf die menschliche Seele haben. Man braucht nur einmal Schilderungen aus den Tropen zu lesen, wo das Jahr nicht aus vier Jahreszeiten, sondern wirklich nur aus

365 gleichen Tagen besteht, die morgens um 6 Uhr beginnen und abends um 6 Uhr enden und lediglich durch Trocken- oder Regenzeit unterschieden werden.

Wir wissen heute außerdem, daß alle Menschen unserer Breiten vom Rhythmus der Sonnenstrahlen weitgehend beeinflußt werden. So teilte der dänische Lehrer Malling-Hansen bereits 1884 aufgrund zahlreicher Beobachtungen an seinen Zöglingen mit, daß das Längenwachstum der Kinder nicht gleichmäßig im Jahreslauf erfolgt, sondern in den Herbstmonaten nur gering ist, von Dezember bis März auf das Doppelte emporschnellt und dann bis Mitte August langsam weiter ansteigt, im Herbst und Winter dann in eine ruhige Kurve übergeht. Daß der in Kopenhagen beobachtete Wachstumsrhythmus wirklich mit dem Sonnengang zusammenhängt, geht daraus hervor, daß der Rhythmus in Australien (wo Winter ist, wenn wir Sommer haben) umgekehrt verläuft.

Ganz ähnliche Feststellungen kann übrigens auch jeder an sich selbst machen, wenn er die Wachstumsgeschwindigkeit von Haaren und Nägeln während der verschiedenen Jahreszeiten beobachtet.
Das bewußte Erleben der Jahreszeiten können Sie vertiefen, indem Sie z. B. die Jahresfeste feiern (dazu mehr in einem späteren Kapitel) und sich entsprechend der Jahreszeiten ernähren – dazu finden Sie Anregungen und Rezepte im Band *Ernährungslehre*.

Chronobiologie

Die systematische Erforschung der biologischen Rhythmen, die Chronobiologie, ist eine verhältnismäßig junge Wissenschaft. Erst seit etwa 50 Jahren kennt man die Bedeutung solcher Zyklen, die das Tempo für zahlreiche Funktionen bestimmen, von denen manche unbedeutend und trivial erscheinen mögen, aber doch die Leistungsfähigkeit unseres Körpers insgesamt beeinflussen.

Diese Rhythmen sind endogen, d. h. „von innen kommend". Sie wurden vor Urzeiten in uns angelegt, als der Mensch noch völlig vom Sonnenlicht abhängig war, nachts schlafen und tagsüber Nahrung beschaffen mußte. An dieser inneren Uhr hat sich bis heute, ins Zeitalter der Elektrizität hinein, nichts geändert. Das haben Versuche erwiesen, in denen Menschen tage- bis wochenlang von allen äußeren Reizen abgeschottet wurden, also weder am Tageslicht noch an einer Uhr die Tageszeit erkennen konnten. Selbst dort behielten sie den Grundrhythmus von Wachen und Schlafen bei.

Allerdings funktioniert die „innere Uhr" nicht bei allen Menschen gleich. „Morgenmenschen" haben ihr erstes Leistungshoch am Vormittag, während „Nachtmenschen" eher am frühen Nachmittag in Hochform kommen. Doch abgesehen davon sind ihre Leistungskurven ähnlich.

Der Grundrhythmus wird von einer Generation zur nächsten weitervererbt. Natürlich kann man seinen Rhythmus in gewissen Grenzen anpassen, etwa wenn man aus beruflichen Gründen frühmorgens aufstehen oder nachts arbeiten muß. Die Anpassung braucht allerdings ihre Zeit, wie jeder weiß, der schon einmal nach Übersee geflogen ist. Der Organismus benötigt einige Tage, um sich auf die Zeitverschiebung einzustellen.

Wer allerdings auf Dauer gegen seinen Rhythmus lebt, wird krank. So leiden z. B. Schichtarbeiter oder Langstrecken-Piloten weitaus häufiger als Angehörige anderer Berufe an Schlafstörungen, Kopfschmerzen, Herz- und Kreislauferkrankungen und Depressionen.

Der menschliche Körper folgt Hunderten solcher Zyklen. Es ist nicht immer leicht, ihre Existenz zu beweisen. Es bedarf regelmäßiger Beobachtung mit komplizierten Geräten – oft über lange Zeiträume hinweg. Mitunter scheint es nicht einmal einen „vernünftigen" Grund für ihre Existenz zu geben. So hat man etwa eindeutig festgestellt, daß wir nicht gleichzeitig durch beide Nasenlöcher atmen. Ungefähr drei Stunden lang ziehen wir die Luft hauptsächlich durch das linke Atemloch ein, dann wechseln wir für drei Stunden auf das rechte. – Warum dies so ist, ist noch unbekannt.

Auch unsere Körpertemperatur ist nicht im ganzen Körper gleich – eine Seite ist immer etwas wärmer als die andere. Aber für uns läßt sich nicht erkennen, warum dies so sein muß, und erst recht nicht, warum die linke Seite nachts, die rechte aber tagsüber wärmer ist.

Die offensichtlichsten Rhythmen im Leben eines Menschen sind die *circadianen* Rhythmen (lat. *circa diem*, ungefähr auf einen Tag bezogen). Es ist leicht zu erkennen, daß viele unserer geistigen und körperlichen Aktivitäten einem *24-Stunden-Rhythmus* folgen, der sich annähernd dem von Auf- und Untergang der Sonne bestimmten Wechsel von Tag und Nacht anpaßt. Daher rühren wohl auch die Schwierigkeiten vieler Menschen, sich ohne weiteres an die Sommerzeit und die damit verbundene Umstellung der Uhrzeit zu gewöhnen.

Wir verspüren das Bedürfnis, bei Dunkelheit zu schlafen und bei Tageslicht wach zu sein (obwohl es hier auch wieder Unterschiede zwischen den „Eulen" [Morgenschläfern] und den „Lerchen" [Frühaufstehern] gibt). Blutdruck und Pulsschlag folgen ebenfalls einem 24-Stunden-Rhythmus, mit Höchstwerten am späten Nachmittag und Tiefstwerten in den frühen Morgenstunden. Auch die Nieren arbeiten nachts mit verminderter

Kraft, weshalb wir normalerweise nicht durch Harndrang geweckt werden.

Die Geschwindigkeit, mit der unser Körper Kohlenhydrate und einige andere Substanzen „verbrennt", zeigt ebenfalls Schwankungen innerhalb eines Tages, mit der Tendenz zu niedrigen Werten bei Nacht. Dann werden Speichel und Magensaft in geringerer Menge produziert und sind säurereicher; der Dickdarm arbeitet langsamer, und die Gehirntätigkeit ist träge. Ob wir wach sind oder schlafen, spielt dabei keine Rolle. Denn selbst wenn wir die Nacht durchtanzen, erreichen wir den Tiefpunkt gegen 4 Uhr morgens und bauen dann allmählich wieder auf, so daß wir gegen 9 Uhr zum Start in einen neuen Tag bereit sind.

Im folgenden ein kleiner Überblick über das Ablaufen unserer *inneren Uhr*:

6 Uhr: Der Körper bekommt einen Cortison-Schub, Blutzucker und Aminosäuren strömen ins Blut – zur Vorbereitung auf die Tagesarbeit.

7 Uhr: Blutdruck und Temperatur steigen, der Körper beginnt zu arbeiten, „Morgenmenschen" werden aktiv.

8 Uhr: Besonders viele Sexualhormone werden ausgeschüttet, weshalb diese Zeit am günstigsten für die Liebe ist. Herzmedikamente wirken besonders gut. Alkohol macht doppelt so schnell betrunken wie am Nachmittag.

9 Uhr: Zu dieser Zeit funktioniert das Kurzzeitgedächtnis am besten – wer vor einer Prüfung oder Besprechung steht, sollte seine Unterlagen noch einmal durchsehen. Die Abwehrkräfte sind besonders stark – bei Impfungen, die um diese Zeit durchgeführt werden, gibt es weniger Nebenwirkungen wie etwa Fieber oder Schwellungen.

11 Uhr: „Morgenmenschen" erleben ihr erstes Leistungs-Hoch, das sich dann alle vier Stunden wiederholt. Sie sind jetzt besonders konzentrationsfähig.

14 Uhr: Der Körper verringert seine Funktionen, wir werden müde. Dies wird durch einen vollen Magen noch verstärkt. Ein kurzer Mittagsschlaf von 10 bis 30 Minuten (nicht länger!) macht wieder munter.

15 Uhr: Dies ist die günstigste Zeit um zu lernen, weil jetzt das Langzeitgedächtnis besonders gut funktioniert. Auch manuelle Arbeiten wie Maschineschreiben, Musizieren oder Handwerkliches gehen leicht von der Hand. Die Schmerzgrenze liegt sehr hoch, so daß dies die beste Zeit für einen Zahnarztbesuch ist.

16 Uhr: Jetzt sind auch „Spätaufsteher" geistig fit.

17 Uhr: Blutdruck und Kreislauf haben ihre Bestzeit – das ist ideal für sportliche Aktivitäten, denn der Trainingseffekt ist ausgezeichnet.

18 Uhr: Der Körper richtet sich in seinen Funktionen auf die abendliche Ruhepause ein. Die Bauchspeicheldrüse ist aufnahmebereit für das Abendessen.

20 Uhr: Zu dieser Zeit ist das Körpergewicht am höchsten – deshalb sollte man sich möglichst immer zur gleichen Zeit, am besten morgens, wiegen. Um diese Zeit wirken Mittel gegen Asthma und Allergie am besten.

23 Uhr: Bei „Frühaufstehern" setzt das Leistungstief ein – Zeit, schlafen zu gehen.

2 Uhr: Die Kreislauftätigkeit ist am niedrigsten. Nachtarbeiter merken dies an ihren kalten Füßen.

3 Uhr: Für ungefähr zwei Stunden verlangt der Körper nun nach einem ausgiebigen Schlaf. Wacht man zwischendurch auf, kann man oft nicht wieder einschlafen, sondern schlägt sich mit den schwärzesten Gedanken herum. Die Konzentrationsfähigkeit ist extrem niedrig, deshalb kommt es in dieser Zeit zu zahlreichen Unfällen im Verkehr und in Betrieben.

Besonders interessant ist der Wochenrhythmus, der in seinem biologischen Ausmaß noch wenig erforscht ist. Immerhin fällt er bei den Brutzeiten der Vögel auf. So schlüpfen die Jungen der meisten Singvögel nach dem 13. oder 14. Tag aus dem Ei. Die Glucke sitzt 21 Tage auf dem Nest. Um 28 Tage brüten die meisten unserer kleinen Tag- und Nachtgreifvögel sowie Uhu und Höckerschwan. Genau 42 Tage brütet der Steinadler.

In den letzten Jahren ist man auf eine Fülle von *Sieben-Tage-Rhythmen* im menschlichen Organismus gestoßen. So schwillt die dicke Backe nach einem gezogenen Zahn im abklingenden Sieben-Tage-Rhythmus von Woche zu Woche mehr ab. Nach einer Blutspende werden die fehlenden roten Blutkörperchen alle sieben Tage vermehrt aus dem roten Knochenmark in der Blutbahn nachgeliefert.

Der Wochenrhythmus findet sich gelegentlich auch bei den Pflanzen: Um die dicken Samen der Gartenbohne rasch zum Keimen zu bringen, kann man sie in Wasser legen. Sie quellen dann auf, bis die Hülle gesprengt ist. Diese Wasseraufnahme ist alle sieben Tage besonders stark. Das Merkwürdige aber ist, daß die Zeiten stärkster Quellung abgestimmt sind mit den Mondvierteln: Hier erweist sich der Wochenrhythmus als ein Unterrhythmus des Mondmonats.
Über die Einflüsse des Mondes finden Sie nähere Angaben im Kapitel „Der Einfluß des Mondes".

Daß der Kosmos *in* uns enthalten ist, wird bei Hildegard von Bingen immer wieder betont. So sind neben den Rhythmen der Jahreszeiten, den Sonnen- und Mondrhythmen zahlreiche andere Rhythmen, die sich im menschlichen Organismus äußern, kosmischer Herkunft.

Der wichtigste dieser Rhythmen ist der Blutkreislauf mit der Pulswelle. Etwa 72 Pulsschläge in der Minute werden erzeugt. Damit befindet sich der Pulsschlag in einem gesetzmäßigen Verbund mit der Atmung. Der Atmungsrhythmus mit etwa 18 Atemzügen pro Minute korrespondiert mit dem Pulsschlag im Verhältnis 1 zu 4. Gerade hieran können wir ablesen, daß dieser Rhythmus vielen Schwankungen unterliegt. Heftige Bewegungen, körperliche Anstrengung, Schreck oder Angst verändern das Verhältnis.

Nach neueren Untersuchungen weisen die meisten Menschen nur noch gegen 3 Uhr nachts dieses harmonische Verhältnis auf. Ansonsten kann es Unterschiede von 1 zu 1,5 bis zu 1 zu 7 geben. Die Zahl von 18 Atemzügen pro Minute (25 920 Atemzüge pro Tag) entspricht der Anzahl der Sonnentage im platonischen Weltenjahr. Dies ist die Zeit, in der sich ein voller Umlauf des Frühlingspunktes auf der Ekliptik vollzieht. Der griechische Philosoph Platon (ca. 427–348 v. Chr.) erkannte bereits in der Antike diese Gesetzmäßigkeit.

Krankheitsrhythmen

Viele Krankheiten haben gleichfalls ihren eigenen Rhythmus. Der Volksmund sagt z. B. über Erkältungskrankheiten und grippale Infekte, daß diese ohne Behandlung sieben Tage und mit Behandlung eine Woche zum Auskurieren benötigen. Bekannt ist, daß die Malaria, je nach Typ der Erkrankung, jeden zweiten oder dritten Tag „angreift". Zyklen hat man in jüngster Zeit auch bei vielen anderen Krankheiten beobachtet:
- Obwohl Psychosen stark variieren, hat man bei manchen regelmäßige zweitägige, monatliche oder sogar jährliche Attacken festgestellt.
- Andere Krankheiten, von denen wir heute wissen, daß sie in festen Intervallen auftreten, sind eine Art von Bauchfellent-

zündung, Ödeme, Purpura (ein Hautausschlag), Migräne und Fieber.
- Die Leistungsfähigkeit der Lunge erlangt gegen 6 Uhr morgens ihren Tiefstand, steigt im Laufe des Vormittags und fällt wieder bei Nacht – ein wichtiger Umstand für die Behandlung der chronischen Bronchitis.
- Schlaganfälle, Blutstürze und Herzasthma treten meist nachts auf.
- Es ist seit langem bekannt, daß epileptische Anfälle zeitlichen Zyklen folgen, aber heute wissen wir, daß sie eher in den frühen Morgenstunden auftreten, vor allem zwischen 6 und 7 Uhr.
- Allergien treten vorwiegend in den späten Abendstunden auf.
- Es ist wahrscheinlich, daß die Anfälligkeit für Bakterien und Viren bei den meisten Menschen zeitlich unterschiedlich ist.

Lebensrhythmen

Die Gliederung des gesamten Lebenslaufes erfolgt durch Rhythmen. Als grundlegender Rhythmus erweist sich dabei der *Sieben-Jahre-Rhythmus*, der seit dem Altertum immer wieder bestätigt wird. Am Anfang unseres Jahrhunderts hat ihn der Begründer der Anthroposophie, Rudolf Steiner (1861–1925), neu entdeckt und für Menschenkunde, Pädagogik und Medizin fruchtbar gemacht. Auch die Lebenslaufforschung unserer Zeit ist darauf gestoßen. Sie stellt Stauungszeiten und Knotenpunkte im Lebenslauf fest, aus denen jeweils Neues, eine Art Richtungsänderung entsteht. Diese Knotenpunkte sind allerdings keine Fixpunkte, sondern Richtwerte, um die der lebendige Rhythmus schwingt.

So berücksichtigt etwa die Waldorfpädagogik unterrichtsbezogen diesen Sieben-Jahre-Rhythmus, dessen Hauptmerkmale nach außen hin der Beginn des Zahnwechsels um das 7. Lebensjahr, der Höhepunkt der Geschlechtsreifung um das 14. Lebensjahr und die endgültige Skelettreife um das 21. Lebensjahr sind.

Auch Hildegard von Bingen geht vor allem auf die für ein Kleinkind geltenden Gesetzmäßigkeiten ein, die es zu berücksichtigen gilt:
„Daß ein kleines Kind nicht gleich nach seiner Geburt laufen kann, kommt davon, daß ... sein Fleisch und seine Knochen dann sehr gebrechlich sind ... und weil der Mensch große Kraft braucht, wenn er sich zum Gehen ganz aufrichtet. Den übrigen Geschöpfen ergeht es nicht so, weil sie bald nach ihrer Geburt auf ihren Füßen gehen. Das kommt daher, daß sie nach vorn zur Erde geneigt sind. So kriecht auch das Kleinkind auf Händen und Füßen, bevor es sich zum Gehen aufrichten kann. ... Weil aber der Mensch seine Kraft oberhalb des Nabels hat und, solange er ein kleines Kind ist, auf seinen Füßen und Beinen schwach ist, kann er dann noch nicht gehen." (*Causae et Curae*)

Kinder brauchen Rhythmen

Kinder, die sich erst in ein eigenes Bewußtsein hineinentwickeln müssen, brauchen besonders nötig die familiären Rhythmen, um später selbständig werden zu können.

Während das Kind im Mutterleib noch im kontinuierlichen Gleichmaß durch die Nabelschnur ernährt wird, entwickelt sich nach der Geburt ein Mahlzeitenrhythmus. Dann benötigen Mutter und Kind oftmals drei bis vier Wochen, um durch ein „Chaos" hindurch zu einem Rhythmus zu finden.

So benötigt natürlich auch das heranwachsende Kind diesen Rhythmus: regelmäßige Mahlzeitenfolge, regelmäßige Wiederkehr von Speisen, regelmäßigen Tagesablauf, auch die Begleitung der Jahreszeiten durch Naturbeobachtung und Gestaltung der Jahresfeste. Das Kind fühlt sich dadurch nicht wie der Erwachsene eingeengt, sondern empfindet dies als einen Rahmen, der es ihm überhaupt erst möglich macht, zur Selbständigkeit heranzuwachsen.

Fehlt dem Kind in der Jugend dieser Rhythmus, so können zwei Arten von Fehlentwicklungen eintreten:
- Als Erwachsener klammert es sich an bestimmte Rhythmen und verliert dabei seine Selbständigkeit und Entscheidungsfreiheit (Pedanterie).
- Oder es gleitet in ein arhythmisches Leben, wodurch es als Erwachsener haltlos und labil wird, weit über die notwendige „Chaoszeit" des Jugendlichen hinaus.

Erst in der Pubertät tritt der Jugendliche an die Schwelle, wo er Fremdrhythmen nicht mehr akzeptieren kann und will. Er beginnt, sie abzulehnen (Ausbruch aus der Familie, Schulschwierigkeiten usw.), und es folgt – vergleichbar dem Neugeborenen – eine Phase des Chaos. Diese hält an, bis der junge Mensch zu sich selbst gefunden hat.

Nach dieser notwendigen Übergangszeit, in der alles selbst ausprobiert wird, folgt die höchste Stufe der Rhythmusgebung: der freiwillig auferlegte Rhythmus. Diese Art des freiwilligen Rhythmus ist die schwierigste. Wie sieht es z. B. aus, wenn man drei Wochen Zeit zur Erledigung einer größeren Aufgabe hat – im Studium, im Beruf oder auch bei einer häuslichen Angelegenheit? Viele machen sich einen Plan, jeden Tag eine bestimmte Zeit dafür tätig zu sein. Doch auch die Willensstärksten geraten oft mehr und mehr in Verzug, um gegen Ende der Frist völlig unrhythmisch in Tag- und Nachtarbeit die Aufgabe zu vollenden. Daran ist zu sehen, daß der aus eigener Einsicht und mit eigenem Willen durchgeführte Rhythmus ein sehr hohes menschliches Ziel ist. Nur dadurch sind wir fähig, die Kraft für die Bewältigung unserer vielfältigen Aufgaben aufzubringen.

Lernen, auf die Rhythmen zu lauschen

Eine rhythmische Lebensgestaltung ist eine Grundbedingung für körperliche und seelische Gesundheit. Denn nur so kann es gelingen, auch bei beruflichen und anderen Pflichten die *discretio*, das von Hildegard von Bingen immer wieder betonte „rechte Maß" zu wahren, das sowohl der uns gestellten Aufgabe als auch uns selbst gerecht wird.

Viele der in diesem Kapitel besprochenen Rhythmen laufen mehr oder weniger unbewußt im Menschen ab. Andere dagegen sind willensmäßig bewußt zu beeinflussen – etwa wenn man den Atem anhält. Sicherlich kann der Mensch mit Genußmitteln und Weckaminen seinen Schlaf-Wach-Rhythmus verändern. Diese unrhythmische Lebensweise führt jedoch zu gesundheitlichen Schädigungen, die Kraft kosten – eben jene Kraft, die vorher der Rhythmus ersetzte. Aus dieser Tatsache erhellt sich, warum Kinder und Kranke oder ältere Menschen besonders auf Rhythmen angewiesen sind: Sie brauchen die Kraftersparnis, das Eingebettetsein in die organische Gesamtheit, damit sie eine stabile Lebensorganisation (wieder) aufbauen können.

Lernen wir also wieder, auf unsere Rhythmen zu lauschen, uns von ihnen tragen zu lassen und sie zu genießen, so wie es es Johann Wolfgang von Goethe (1749–1832) in seinem Gedichtband *Westöstlicher Diwan* schildert:
„Im Atemholen sind zweierlei Gnaden:
Die Luft einziehen, sich ihrer entladen;
Jenes bedrängt, dieses erfrischt;
So wunderbar ist das Leben gemischt.
Du danke Gott, wenn er dich preßt,
Und dank ihm, wenn er dich wieder entläßt."

Die Elemente:
Stoffe, aus denen die Welt besteht

HILDEGARD von Bingen beginnt ihr Buch *Causae et Curae* mit den Worten:

„Gott war und ist ohne Anfang schon vor der Erschaffung der Welt. Er war und ist das helle Licht, und er war das Leben. Als Gott die Welt erschaffen wollte, schuf er sie aus dem Nichts, aber in seinem Willen lag die Materie der Welt."

Es ist interessant, daß sie den göttlichen Willen dem göttlichen Wort voransetzt, mit dem ja die Erschaffung der Welt nach biblischen Angaben beginnt.

Immer wieder betont Hildegard in ihren Schriften, daß der Mensch aus denselben Elementen besteht wie die restliche Welt und ihr dadurch innig verbunden ist. Was im Kosmos – oder in ihren Worten: im „Firmament" – ist, ist auch im Menschen:

„Gott erschuf auch die Elemente der Welt. Diese sind auch im Menschen, und der Mensch wirkt mit ihnen. Sie sind das Feuer, die Luft, das Wasser und die Erde. Diese vier Elemente sind so eng miteinander verbunden, daß keines von einem anderen getrennt werden kann." (*Causae et Curae*)

Sie schreibt dem Menschen sogar durch seine Handlungen einen Einfluß auf die Elemente zu. Wenn man bedenkt, wie durch die Belastung der Umwelt, durch Kriege, durch atomare und Klimakatastrophen usw. die Elemente unserer Erde in Mitleidenschaft gezogen werden, kann diese Sicht der Hildegard von Bingen heute nur durch bittere Erfahrung bestätigt werden. Sie schreibt über die Verantwortung des Menschen seiner Umwelt gegenüber:

„Die Elemente nehmen jede menschliche Eigenschaft in sich auf, wenn der Mensch die Elemente an sich zieht. Denn der Mensch ist mit ihnen und sie mit dem Menschen, und dementsprechend fließt das Blut des Menschen. Daher steht auch geschrieben: ‚Himmel und Erde klagen über den Menschen.‘ Denn das Unruhige, Kriegerische im Menschen versetzt die Elemente oft in heftige Bewegung, wie wenn ein Mensch ein Netz in seiner Hand hält und es bewegt. So bringt auch der Mensch die Elemente in Bewegung, so daß sie entsprechend seinen Werken ihren Einfluß ausüben."
(*Causae et Curae*)

Es ist erstaunlich, daß diese Äußerung Hildegards bisher offensichtlich noch nicht von den Umweltschutzbewegungen entdeckt worden ist.

Nach Hildegards Meinung ist nicht nur der Mensch durch die Elemente unlösbar mit der Erde und dem Kosmos verbunden – auch die Elemente untereinander gehören zusammen. In *Causae et Curae* geht sie hierauf näher ein:

„Gott hat die Welt aus den vier Elementen so zusammengefügt, daß keines von einem anderen getrennt werden kann. Denn die Welt könnte nicht bestehen, wenn eines vom anderen getrennt werden könnte. Sie sind unauflöslich miteinander verkettet."

So sei das Feuer stärker als die Luft, weil es sie beherrsche und entzünde. Die Luft aber sei dem Feuer am nächsten, weil es dieses auflodern lasse.

Hildegard findet für diese Zusammenwirkung von Feuer und Luft einen sehr schönen Vergleich:

„Denn das Feuer ist gewissermaßen der Körper der Luft und die Luft vergleichsweise die Eingeweide und die Flügel und Federn des Feuers."

Auch das Wasser braucht das Feuer, weil seine Wärme es strömen läßt. Ohne das Feuer (vor allem der Sonne) würde das Wasser „nicht flüssig sein und fließen, sondern es wäre stärker und unauflöslicher als Eisen und Stahl ... Das kann man auch am Eis beobachten".

Das Wasser sei aber insofern stärker als das Feuer, weil es dieses zu löschen vermag. Aber auch für die Erde sei das Feuer wichtig, denn ohne Wärme könnten ihre Früchte nicht reifen. Die Erde wiederum biete dem Feuer Widerstand, damit „es nicht sein Maß und Ausmaß überschreitet". Dieser Punkt wird durch die moderne Geologie bestätigt – ohne die schützende Erdkruste würde das heiße Innere die Erde zu einem Feuerball machen. Die Luft sei eine unterstützende Kraft für das Wasser, denn „wenn sie das Wasser nicht im richtigen Maß und auf dem richtigen Wege hielte, würde es maßlos dahinströmen und alles, wohin es gelangte, überschwemmen".

Gewissermaßen als Gegenleistung sorge das Wasser dafür, daß die Luft beweglich sei und „daß sie der Erde die Fruchtbarkeit gibt, indem sie den Tau aus sich über sie aussendet".

Eine besonders wichtige Aufgabe habe die Luft für die Erde:

> „Die Luft ist gewissermaßen der Mantel der Erde, weil sie die Hitze und die Kälte von ihr abhält, indem sie sie mäßig erwärmt und indem sie der Erde den Tau sendet und sie damit tränkt."

Erde und Wasser brauchten einander ebenfalls: Das Wasser wirke gewissermaßen als Bindemittel für die Erde und halte sie zusammen. Die Erde dagegen trage das Wasser und reguliere es auf ihrer Oberfläche.

Hildegard von Bingen hat auch eine sehr lapidare – wenngleich nicht unbedingt wissenschaftliche – Begründung dafür, daß es ausgerechnet vier Elemente gibt:

> „Mehr oder weniger als vier kann es nicht geben. Sie bestehen aus zwei Arten, den oberen und den unteren. Die oberen sind die himmlischen, die unteren die irdischen. Was in den oberen existiert, ist nicht greifbar und besteht aus Feuer und Luft; was aber in den unteren existiert, ist greifbar und hat geformte Körper, und es besteht aus Wasser und Erde." (*Causae et Curae*)

Auch im Menschen sind die Elemente wirksam – dies wird im folgenden näher ausgeführt werden. Wichtig ist ihre Harmonie untereinander:

> „Wenn die Elemente im Menschen geordnet sind, so erhalten sie ihn und machen ihn gesund. Wenn sie in ihm aber nicht harmonieren, machen sie ihn krank und bringen ihn um. Wenn die Verbindungen der Säfte, die von der Wärme, der Feuchtigkeit, vom Blut und vom Fleisch stammen und im Menschen vorhanden sind, in Ruhe und in der richtigen Mischung in ihm wirken, bringen sie ihm Gesundheit. Wenn sie ihn aber gleichzeitig und ungeordnet treffen und im Übermaß über ihn herfallen, machen sie ihn schwach und bringen ihn um." (*Causae et Curae*)

Über Hildegards Säftelehre finden Sie nähere Informationen im Band *Gesundheitsfibel*.

Der griechische Philosoph Empedokles (ca. 483 bis ca. 420 v. Chr.) kannte bereits vier Elemente – nämlich die von Hildegard erwähnten: Feuer, Luft, Erde und Wasser. Sein Kollege Aristoteles (384–322 v. Chr.) fügte als fünftes Element (lat. *quinta essentia* – daher unser Wort Quintessenz) den „Äther" hinzu. Die verschiedenen „Dinge" der Welt sollten auch nach Meinung der griechischen Philosophen und Forscher aus Mischungen der Elemente zustande gekommen sein.

Auf dieser Annahme beruhte dann die mittelalterliche Alchimie, die durch die verschiedensten Mischungen der Elemente Gold oder gar den „Stein der Weisen" zu gewinnen versuchte. Symbolhaft wird die Vereinigung der vier Elemente durch das Hexagramm verdeutlicht, das uns als „Salomonssiegel" bekannt ist.

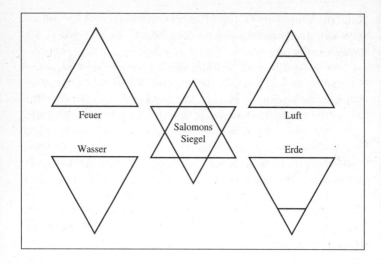

Feuer

Über das Feuer schreibt Hildegard von Bingen in *Causae et Curae*, daß es fünf Kräfte besitze, nämlich Hitze, Kälte, Feuchtigkeit, Luft und Bewegung – wie ihrer Meinung nach der Mensch auch über fünf Sinne verfüge. Sie schreibt weiter:

„Das Feuer ist mit den erwähnten fünf Kräften im Hirn und im Mark des Menschen enthalten. Als der erste Mensch aus der Erde umgestaltet wurde, brannte durch die Macht Gottes ein rötliches Feuer in seinem Blut. So ist auch das Blut rot. Das Feuer äußert sich als Hitze beim Sehen, als Kälte beim Riechen, als Feuchtigkeit beim Schmecken, als Luft beim Hören und als Bewegung beim Tasten."

Das Feuer – der griechischen Sage nach durch Prometheus den Göttern geraubt – kennzeichnet die Sonderstellung des Menschen in der Schöpfung: Nur der Mensch kann mit dem Feuer umgehen, während das Tier sich auf die anderen Elemente beschränken muß und vor dem Feuer flieht. Feuer – auf der einen

Seite ein verzehrendes, sogar verheerendes Element – ist im „gezähmten" Zustand ein williger Diener des Menschen. Es spendet Licht und Wärme und macht seine Nahrung vielseitiger und bekömmlicher, nämlich durch Kochen, Dünsten, Dörren, Braten und Backen. So betont Hildegard von Bingen immer wieder, daß viele Gemüse und Früchte erst durch das Garen dem Menschen zuträglich werden. Für die gesunde Ernährung ist Feuer deshalb ein besonders wichtiges Element – man denke nur an die Backöfen zum Brotbacken. Wärme wird außerdem benötigt zur Behandlung und schonenden Konservierung von Nahrungsmitteln und Zutaten aller Art.

Wegen der großen Bedeutung des Feuers war bei den meisten Völkern der Beruf des Schmiedes ein heiliger Stand. Durch die Beherrschung des feurigen Elementes ist der Schmied imstande, Umwandlungsprozesse bei den Metallen in Gang zu setzen. Diese Tatsache wirkte noch weit über das Mittelalter hinaus bei den Alchimisten fort, die für ihre verschiedenen Verfahren (z.B. bei Versuchen, Gold zu machen) Hitze benötigten und eine Vielzahl von Öfen entwickelten.

Auch in der religiösen Vorstellung vom Fegefeuer, in dem die Seelen gereinigt und veredelt, gleichsam „ausgeglüht" werden, lebt diese Anschauung weiter. Ähnliches gilt für den Mythos von Phoenix, der aus der Asche immer wieder neu geboren wird. Die verschiedenen Feuerfeste, die in ganz Europa als Oster-, Frühlings- und Johannisfest gefeiert werden, sind aus der Idee der Macht der Wandlung des Feuers entstanden. Bis heute ist die Heiligkeit des Herdfeuers lebendig.

Für Heilzwecke bzw. zur Erhaltung und Kräftigung der Gesundheit wird bei vielen Völkern die Hitze eingesetzt. Am bekanntesten sind hier die Sauna, ferner Solarien und Bestrahlungsgeräte.

In einem umfassenderen Sinn ist Feuer identisch mit Energie; diese Energie ist heute zu einem Gradmesser des Wohlstandes geworden. Energie sorgt als Motor des Lebens für Veränderung und Umwandlung; Energie durchwirkt alle Lebensbereiche, sei es beim Kochen und Backen, bei der Erwärmung der Wohnräume, bei der Warmwasserbereitung oder bei den vielfältigen technischen Prozessen, die ohne sie nicht arbeiten könnten.

Luft

Luft schreibt Hildegard von Bingen in *Causae et Curae* vier Kräfte zu:
„Sie sendet den Tau aus, bringt alles Grün hervor, läßt den Windhauch wehen, wodurch sie die Pflanzen wachsen läßt, und verbreitet die Wärme, wodurch sie alles reifen läßt."
Hildegard geht davon aus, daß Luft weder durch ihren Durchgang in Menschen und Tieren noch in Pflanzen verändert wird, sondern ihre Menge und Beschaffenheit immer stabil bleibt. Sie fährt deshalb fort:
„Die Luft, die dem Mond und den Sternen am nächsten ist, befeuchtet die Gestirne, so wie die irdische Luft die Erde und die vernunftlosen ... Tiere belebt und bewegt und dennoch nicht abnimmt. Wenn diese Tiere sterben, kehrt dieselbe Luft zu ihrem früheren Stand zurück, ohne deshalb zuzunehmen, sondern sie bleibt, wie sie vorher war. Die irdische Luft ... läßt die Kräuter und Bäume grünen, wachsen und sich bewegen. Solange sie in ihnen ist, nimmt sie nicht ab. Sie nimmt aber auch nicht zu, wenn die Pflanzen abgeschnitten oder ausgerissen wurden und sie diese verläßt, sondern sie bleibt im selben Stand wie vorher."

Zu Hildegards Zeit war die CO_2-Erzeugung durch Bäume und andere Grünpflanzen natürlich kein so brisantes Thema wie heute, wo das Ozonloch und Smog ständig die Atem- und Lebensluft der Erdbevölkerung bedrohen. Andererseits hat sie durchaus das physikalische Prinzip (das erst Jahrhunderte später als wahr erkannt wurde), nämlich daß Energie nicht verlorengehen kann, verinnerlicht. Dieses hatten vor ihr ja bereits verschiedene Philosophen und Physiker der Antike postuliert.

Im Menschen manifestiert sich Luft mit ihren vier Kräften nach Hildegards Ansicht vor allem im Atem und in der Vernunft des Menschen:

„Sie leistet durch ihren lebendigen Hauch, der nichts anderes als die Seele ist, im Menschen ihren Dienst, weil sie ihn trägt. Sie ist der Flügel seines Fluges, wenn der Mensch den Atem in sich einzieht und ausstößt, damit er leben kann. Die Seele ist das Feuer, das den ganzen Menschen durchdringt und den Menschen belebt." (*Causae et Curae*)

Die Luft ist das Element, das den Menschen am wenigsten zur Mythenbildung veranlaßt hat. Zwar existieren in den Vorstellungen vieler Völker auch Luftgeister, diese haben jedoch eine eher zweitrangige Bedeutung. Diese Tatsache ist wohl darauf zurückzuführen, daß Luft den Sinnen nicht in dem Maße erkennbar ist, wie dies bei den anderen Elementen der Fall ist. Man kann Luft gewöhnlich weder sehen noch hören, weder riechen noch schmecken. Doch gerade deshalb kann man die Luft geradezu als ein „geistliches" Element bezeichnen.

Ein Lufthauch – nämlich der göttliche Atem, der Odem – ist es auch, der den aus Erde geformten Menschenleib beseelt, wodurch es ihm möglich wird, die Erdenschwere hinter sich zu lassen, um nach Höherem zu streben. Der uralte Menschheitstraum vom Fliegen ist bekanntlich nicht bereits dadurch erfüllt, daß der Mensch heute zur „technischen Beherrschung des Luftraums" fähig ist. Man nimmt in ein Flugzeug seine gesamte Erdenschwere mit. Erst wenn sich der Mensch immer mehr als geistiges Wesen zu betrachten lernt, wird ihm nach und nach die viel tiefere Bedeutung dieses „Traumes vom Fliegen" bewußt werden.

Es ist zwar allgemein anerkannt, daß Luft der wichtigste Faktor in der Versorgung des menschlichen Körpers ist, doch da wir genügend Luft haben, halten wir dies meistens für selbstverständlich. Ohne Luft könnte man jedoch nur wenige Minuten überleben. Man macht sich selten klar, daß die meisten Menschen die Fähigkeit verloren haben, richtig zu atmen. Sie atmen nur noch flach, und diese unselige Gewohnheit verurteilt sie zu einem Leben bei ständigem Sauerstoffmangel, Mangel an Vitalität und zu einer Atemluft, die einen hohen Anteil toxischer Stoffe enthält.

Die Haut spielt beim Atmungsprozeß ebenfalls eine wichtige Rolle und wird in der Naturmedizin gerne als „dritte Lunge" bezeichnet. Die Geschichte eines kleinen Jungen, der als „Engel" für ein Karnevalsfest herhalten sollte und mit Goldbronze bemalt wurde und dann regelrecht daran erstickte, ist wohl hinreichend bekannt.

Welche gewaltigen Nachteile die Unterdrückung der Hauttätigkeit haben kann, geht auch aus einem Bericht des norwegischen Forschers Fridtjof Nansen (1861–1930) von seiner Grönlandreise hervor. Nansen berichtet, daß die Eskimos der Ostküste Grönlands nackt in ihren Iglus, die von einer Tranlampe nur wenig erwärmt waren, herumspazierten – also gewissermaßen ein Dauerluftbad nahmen. Sie blieben infolge dieser täglichen Gewohnheit gesund. Unter dem Einfluß der Europäer legten die Eskimos an der Westküste Grönlands diese Gewohnheit ab. Das Ergebnis dieser Vergewaltigung ihres natürlichen Instinktes trug nicht unwesentlich zu dem erhöhten Auftreten von Lungentuberkulose unter den Eskimos bei.

Die regelmäßigen Luftbäder sind gerade für die Verhinderung und die Behandlung tuberkulöser Erkrankungen von größter Bedeutung (bekanntlich wird durch Abhärtung in natürlicher Umgebung die körpereigene Abwehrkraft erhöht). Dennoch mißachten viele Menschen die Bedeutung frischer Luft und einer gesunden Haut, indem sie beständig die Fenster geschlossen halten, abgestandene und verdorbene Luft atmen, ihre Haut mit verschiedenen Chemikalien einreiben und zahlreiche Schichten synthetischer Kleidung tragen.

Diese Faktoren schaden der Gesundheit und machen die Menschen empfindlich gegenüber Temperaturschwankungen. Diejenigen, die sich am meisten über Kälte beschweren, sind gewöhnlich dieselben, die Hitze am wenigsten vertragen können. Im Winter ziehen sie sich sehr warm an und frieren dennoch; ihre Häuser sind überhitzt, und sie selbst leiden häufig an Erkrankungen der Atemwege. Gesunde Menschen dagegen tragen wenig Kleidung und halten sich so oft wie möglich an der frischen Luft auf. Das Luftbad, bei dem der ganze Körper der frischen Luft ausgesetzt wird, ist außerdem sehr wohltuend für die Haut und für das allgemeine Wohlbefinden. Doch sollte es regelmäßig genommen werden und nicht nur einmal im Jahr zur Urlaubszeit.

Erde

Über die Erde schreibt Hildegard von Bingen, daß sie ihrer Natur nach kalt sei und sieben Kräfte enthalte:

„Teilweise ist sie im Sommer kalt, im Winter warm; hat die Kraft, wachsen und welken zu lassen in sich; bringt die Keime hervor; erhält die Lebewesen am Leben und trägt alles. So hat auch Gott an sechs Tagen gearbeitet und am siebenten geruht, als er alles, was er geschaffen hatte, dem Menschen zu seinem Nutzen unterstellte." (*Causae et Curae*)

Als Gott den Menschen erschuf, „leimte" er diesen zwar mit Wasser zusammen und blies ihm durch Feuer und Luft den Lebenshauch ein. Seine Grundsubstanz aber bestand aus Erde.

„Als Gott Adam erschuf, umstrahlte der Glanz der Göttlichkeit die Erdmasse, aus der er erschaffen wurde. So zeigte sich diese Erde nach ihrer Formgebung äußerlich in den Konturen der Gliedmaßen, war aber im Innern hohl. Da schuf Gott auch im Inneren aus derselben Erdmasse das Herz, die Leber, die Lunge, den Magen, die Eingeweide, das Gehirn, die Augen, die Zunge und seine übrigen inneren Organe. Als Gott den Lebenshauch hineinblies, wurde der Stoff, bestehend aus Knochen, Mark und Blutgefäßen, durch diesen Hauch gefestigt." (*Causae et Curae*)

Die Erde ist das Element, aus dem in der allgemeinen religiösen Vorstellung – übrigens auch in außereuropäischen Religionen – der Menschenleib erschaffen wurde. Mit seinem Körper ist der Mensch deshalb dem Element Erde verhaftet, während sein Geist als das „luftige Element" über das Irdisch-Sinnliche hinausstrebt. Erde ist jedoch nicht nur der Stoff, aus dem der Mensch geformt wurde: Erde ist das hervorbringende, fruchtbare Prinzip an sich. Die älteste Gottheit ist deshalb stets eine Muttergöttin, die als das erhaltende, gebärende Prinzip verehrt wird. Diese Tatsache wird durch die moderne Mythenforschung eindeutig belegt.

Die ältesten sakralen Handlungen der Ackerbauer bestanden in Zeremonien, mit denen die Erde – bzw. die durch sie symbolisierte Muttergottheit – um Verzeihung dafür gebeten wurde, daß man sie beim Pflügen verletzen mußte. Diese Vorstellungen reichen noch weit in die römische Zeit hinein, in der gesellschaftlich schon längst ein patriarchalisches System etabliert war – woraus man sehen kann, daß sie einem uralten Fundus religiöser Ideen entstammen müssen.

Es würde sicherlich nicht schaden, wenn wir heute der Erde, die uns ja alle trägt und erhält, mit mehr Ehrfurcht und Dankbarkeit begegnen würden. Der biologisch-dynamische Garten-

und Ackerbau, der immer mehr Verbreitung findet, trägt dieser Idee in praktischer Weise Rechnung. Dadurch leistet er einen nicht zu unterschätzenden Beitrag zum Schutz und zur Erhaltung der Umwelt. Gleichzeitig bringt er eine Fülle von gesunden, nicht mit Chemikalien belasteten Lebensmitteln hervor.

Für Heilzwecke wird Erde in Form von Lehm, Moor und Heilerde seit Tausenden von Jahren verwendet. Die Erde ist jedoch vor allem das schöpferische Element: Im Gartenbau hat der Gärtner seine Freude an der Fruchtbarkeit des Bodens. Biologische Anbaumethoden erhalten eine natürliche Vielfalt des Bodenlebens und geben den Sämereien eine natürliche Basis, aus der später eine reiche und gesunde Ernte hervorwächst. In schonender Weiterverarbeitung gelangen dann Gemüse, Obst, Früchte, Getreide, Gewürze usw. als Natur- und Reformkost zum gesundheitsbewußten Verbraucher bzw. als Pflanzenheilmittel zum Patienten. Nähere Angaben über den Anbau von Pflanzen nach den Mondständen finden Sie unter „Der Mond und die Pflanzen", allgemeine Hinweise im Band *Pflanzen- und Kräuterkunde*.

Des weiteren ist die Erde ein Element, das uns Schutz gewähren kann. Wir entnehmen der Erde beispielsweise bestimmte Baumaterialien und gestalten damit nach biologischen Grundsätzen unser Zuhause. Eine besondere Rolle spielt dabei das Holz – und dies nicht nur als Rohstoff, sondern auch in Form zahlloser Verarbeitungsprodukte. Verwendet wird dieser menschengemäße Naturstoff bei der Herstellung von Möbeln, Papier und Spielzeug, um nur einiges zu nennen.

Wasser

Nach Hildegard von Bingen besitzt das Wasser mehr Kräfte als die anderen Elemente – und zwar 15 verschiedene Eigenschaften:

„ ... nämlich die Wärme, die Luft, die Feuchtigkeit, das Überfluten, die Geschwindigkeit, die Beweglichkeit; den Bäumen gibt es den Saft, den Früchten den Geschmack, den Pflanzen das Grün; alles ist voll von seiner Feuchtigkeit, es trägt Vögel, ernährt die Fische, läßt Tiere in seiner Wärme leben, hält die Reptilien in ihrem Schaum zurück und hält alles am Leben – so wie die Zehn Gebote und die fünf Bücher Moses des Alten Testaments, die Gott alle zur geistigen Erkenntnis bestimmt hat". (*Causae et Curae*)

Nach Hildegards Erkenntnis ist das Wasser mit seinen vielen Kräften in der Feuchtigkeit und im Blut des Menschen enthalten. Über das Blut schreibt sie:

„So manifestiert das Wasser im Blut des Menschen seine Wärme, in dessen Atem die Luft, in seinem vollständigen Körperbau die Feuchtigkeit, in der Ausscheidung, die den Körper reinigt, die Fähigkeit, eine Überschwemmung auszulösen; im Wachstum die Schnelligkeit; in der Kräftigung den Saft; in der Fruchtbarkeit den Genuß; in der Erektion die Manneskraft; in der Stärke die Nässe; und in allen menschlichen Gelenken die Feuchtigkeit." (*Causae et Curae*)

Nach der zur Zeit wohl beliebtesten entwicklungsgeschichtlichen Theorie kommt alles Leben aus dem Wasser. Haben sich doch die Säugetiere und letztendlich auch Menschen aus Fischen entwickelt, die vor Jahrmillionen ihr angestammtes Element verließen, um fortan auf dem Lande ihr Dasein zu fristen.

Es mag dahingestellt bleiben, daß es sich hierbei um eine naturwissenschaftliche Vereinfachung sehr viel komplexerer Zusammenhänge handelt. Tatsache ist, daß der Mensch seine Herkunft aus dem feuchten Element – nämlich dem Fruchtwasser des Mutterschoßes – gleichsam als Urerinnerung in sich trägt und daß dadurch sein Verhältnis zu diesem Element geprägt ist.

So gehört nach der Ansicht moderner Sprachforschung die Lautkombination ACQ für Wasser zu den sechs sprachlichen Archetypen (Urbegriffe, Urworte) der Menschheit.

Dem Wasser wohnt eine reinigende, heilende Kraft inne. So bezeugen die rituellen Bäder der Inder im Ganges, die Waschungen der Muslime vor jedem Gebet, die Taufe der christlichen Religionen neben vielen anderen Beispielen, daß diese Anschauung rund um die Welt tief im Menschen verwurzelt ist. Das Heilige ist jedoch – zumindest für den Menschen im Frühstadium seiner kulturellen Entwicklung – stets auch das Erschreckende, Furchterregende gewesen. Und so sind für den „primitiven" Menschen die Flüsse, Seen und Quellen mit Geisterwesen aller Art bevölkert, die es zu besänftigen gilt und denen man am besten aus dem Weg geht. In unserer zivilisierten Welt lebt diese Vorstellung noch fort in den zahlreichen Märchen von Wassermännern und Nixen, die nur darauf warten, eines menschlichen Wesens habhaft zu werden und es für immer in ihr nasses, kaltes Reich zu ziehen.

Weiß man um die Bedeutung des Elementes Wasser für die geistig-seelische Entwicklung des Menschen, so ist es nicht weiter erstaunlich, daß gerade dieses Element in der Heilkunde besonders ausgiebig Verwendung findet. Von Sebastian Kneipp, dem Reformator der Wasserheilkunde, ist der Ausspruch bekannt, daß die Römer durch übermäßigen Gebrauch des warmen Wassers verweichlicht wurden und in Verbindung mit einer üppigen Ernährung ihren Untergang vorbereitet hätten. Sebastian Kneipp (1821–1897) hat deshalb in erster Linie die Anwendungen des kalten Wassers ausgebaut. Ernst Schweninger (1850–1924), der Leibarzt Bismarcks, gab dem heißen Wasser den Vorzug und entdeckte in den ansteigenden, d. h. langsam heißer werdenden Teilbädern ein vorzügliches Kräftigungsmittel für den Organismus wieder.

In der Frage *Heiß oder kalt?* entscheidet am besten die persönliche Erfahrung. Man kann die Menschen in zwei Gruppen einteilen: die Athleten und die rundwüchsigen Pykniker mit ihrem Wärmeüberschuß, die kaltes Wasser gut vertragen, und die schlankwüchsigen Astheniker, die schon beim bloßen Anblick von kaltem Wasser erschaudern.

Eines der grundlegenden Gesetze der Wasserheilkunde ist das Gesetz von Wirkung und Gegenwirkung, Aktion und Reaktion:
- Die Anwendung von Wärme auf die Haut zieht das Blut an die Oberfläche, obwohl dies kein dauerhafter Effekt ist, da das Blut schließlich in die tiefergelegenen Gefäße zurückkehrt.
- Die Anwendung kalten Wassers hat anfangs die Wirkung, das Blut von der Hautoberfläche fortzutreiben. Die sekundäre und dauerhaftere Wirkung allerdings ist eine Wärmeentwicklung, denn aufgrund des Gesetzes von Aktion und Reaktion muß das Blut zurück in die Gefäße und Gewebe, aus denen es durch den Kälteschock „vertrieben" wurde.

Die Wirkungsweise dieses Gesetzes läßt sich am besten aus den drei verschiedenen Bäderarten der Hydrotherapie erkennen: heiß, kalt und abwechselnd heiß und kalt (Wechselbäder).

Für die Erhaltung von Gesundheit und Schönheit gleichermaßen wirksam und empfehlenswert sind deshalb Wechselduschen (dabei das Gesicht nicht vergessen!), die immer mit kaltem Wasser abschließen. Sie wirken anregend und abhärtend auf den gesamten Organismus und machen eine schöne, jugendliche Haut. Wer mit dieser Art des Duschens noch nicht vertraut ist, sollte zu Anfang nicht zwischen heiß und kalt, sondern zwischen handwarm und kühl wechseln und den Temperaturunterschied erst mit der Zeit langsam steigern.

Astronomie und Astrologie

HILDEGARD von Bingen sieht in der gesamten Schöpfung immer wieder Übereinstimmungen, so auch im Sternenhimmel und in der Beschaffenheit des Menschen:

„Das Firmament ist zu vergleichen mit dem Haupt des Menschen, die Sonne, der Mond und die Sterne mit den Augen, die Luft mit dem Gehörsinn, die Winde mit dem Geruchssinn, der Tau mit dem Geschmackssinn, die Seiten der Welt mit den Armen und mit dem Tastsinn." (*Causae et Curae*)

So hält sie auch Einflüsse der Gestirne auf das menschliche Leben für durchaus möglich. Dies geht aus vielen Äußerungen vor allem über den Mond hervor, auf die später noch eingegangen wird.

Über die Erschaffung des Firmaments hat Hildegard von Bingen eine sehr originelle Theorie, die sie in die folgenden wunderschönen Worte kleidet:

„Als der Teufel aus dem Himmel stürzte, wo er sitzen und herrschen wollte und doch kein einziges Geschöpf schaffen und machen konnte, schuf Gott sogleich das Firmament, damit der Teufel sähe und begriffe, was für und welch große Dinge Gott machen und erschaffen konnte. Dann setzte er auch die Sonne, den Mond und die Sterne in das Firmament, damit der Teufel an ihnen sehen und erkennen konnte, welch große Pracht und Herrlichkeit er verloren hatte." (*Causae et Curae*)

Für Hildegard von Bingen ist das Firmament – oder das All, wie wir heute sagen würden – ein endlicher, also begrenzter Raum. In *Causae et Curae* schreibt sie, daß dieser oben von der Sonne begrenzt wird, „damit er nicht über eine bestimmte Grenze emporsteigen kann". Unten begrenzt ihn die Erdatmosphäre, „damit er seine Grenze nicht unten überschreitet". Die Frage nach Endlichkeit oder Unendlichkeit des Alls ist heute übrigens immer noch ein Diskussionspunkt unter den Astronomen, der auch durch immer stärkere Fernrohre und die Entdeckung immer neuer Galaxien noch nicht geklärt ist.

Hildegard beschreibt auch schon die Kräfte von Anziehung und Abstoßung, die die Sterne in ihren Bahnen und so unseren Kosmos im Gleichgewicht halten. Auch dafür findet sie wieder einen treffenden Vergleich:

„Das Firmament wird durch die Sterne zusammengehalten, damit es nicht auseinanderfällt, wie beispielsweise der Mensch von den Adern aufrecht gehalten wird, damit er nicht zerfließt und nicht zerfällt. Wie die Adern den ganzen Leib des Menschen vom Fuß bis zum Kopf durchziehen, so auch die Sterne das Firmament. Wie das Blut in den Adern sich bewegt und wie das Blut sie bewegt und den Puls schlagen läßt, so wird auch das Feuer in den Sternen bewegt, und es bewirkt, daß sie sich bewegen und gewisse Funken sozusagen als Pulsschläge aussenden." (*Causae et Curae*)

Bis in die Neuzeit waren alle bedeutenden Astronomen auch Astrologen. Erst in den letzten Jahrhunderten kam die letztere Wissenschaft in Verruf, hat andererseits aber gerade in unserer Zeit viele ernstzunehmende Vertreter gefunden, die zeigen, daß Astrologie mehr bedeutet als die Erstellung von Zeitungshoroskopen. Auf verschiedene Aspekte der Astrologie im Zusammenhang mit Hildegard von Bingen wird später eingegangen werden.

Schon Jahrtausende vor Christi Geburt waren die wesentlichen astronomischen Tatsachen (z. B. die zeitlichen Abstände der Planetenumläufe, die Anordnung der Sternbilder usw.) bekannt – und das, obwohl es zur Beobachtung der Gestirne kaum technische Hilfsmittel gab! Trotzdem waren die Angaben der Astronomen so präzise, daß man auf ihrer Grundlage Kalender erstellen, Sonnen- und Mondfinsternisse voraussagen und Termine für Saat und Ernte bestimmen konnte.

Astronomie (Sternkunde) und Astrologie (Sterndeutung) – waren über lange Zeit Synonyme, mit denen eine gemeinsame Wissenschaft bezeichnet wurde. Astrologische Lehren finden sich bei Naturvölkern und in allen Hochkulturen. Allen diesen Lehren liegt die Anschauung zugrunde, daß die Welt ein System ist, dessen Organisation auf Entsprechungen beruht und bei dem alle Teile durch erfaßbare Ähnlichkeiten verbunden sind – also auch der Mikrokosmos Mensch mit dem Makrokosmos Welt, wie Hildegard von Bingen es in ihren Schriften immer wieder betont.

Astrologie – und damit verbunden auch die Astronomie – tritt uns erstmalig in Mesopotamien etwa um 3000 v. Chr. entgegen. Dort waren diese Wissenschaften eng mit einer Sternenreligion verbunden und wurden von Priestern ausgeübt, die durch die Betrachtung der Gestirne den Willen der Götter zu erforschen suchten. Von hier aus breitete sich die Astrologie etwa im 6. vorchristlichen Jahrhundert nach Persien, Indien, China und Griechenland aus. In dieser Zeit wurde auch der Tierkreis in *zwölf*, jeweils 30 Grad umfassende Abschnitte – die *Tierkreisze*ichen – eingeteilt.

In Griechenland gelangte die Astrologie zu besonderer Blüte. Viele griechische Philosophen, vor allem die Anhänger der Lehre des Pythagoras (ca. 570–480 v. Chr.), konstruierten ein umfassendes Weltbild auf dieser Grundlage. Griechische Ärzte nutzten die Erkenntnisse der Astrologie sogar für die Diagnose und Therapie von Krankheiten.

Im alten Rom allerdings kam es dann zu einem Niedergang der Astrologie, bei der es sich letztlich nur noch um reine Wahrsagerei handelte, durch die die Unwissenheit und Leichtgläubigkeit der einfachen Menschen ausgenutzt wurde. Dies nahm schließlich solche Ausmaße an, daß 139 v. Chr. sämtliche Astrologen nicht nur aus Rom, sondern aus ganz Italien ausgewiesen wurden. Erst dem aus Syrien stammenden Philosophen Poseidonios (ca. 135–51 v. Chr.), der übrigens ein Lehrer des berühmten Redners Cicero war, gelang es, die Astrologie wieder zu einer ernstzunehmenden Wissenschaft zu machen. Seine Untersuchungen über die Auswirkungen der Gestirnstände auf Klima und Menschen überzeugten die gebildeten Bürger. Danach ließen fast alle römischen Kaiser sich astrologisch beraten.

Das änderte sich allerdings, als im 4. Jahrhundert das Christentum Staatsreligion des Römischen Reiches wurde. Die frühen Christen sahen nämlich in der Astrologie eine Leugnung der Willensfreiheit und lehnten sie deshalb strikt ab. Über Byzanz gelangten die astrologischen Schriften jedoch durch die Araber zurück ins frühmittelalterliche Abendland. Hier gab es zur Zeit Karls des Großen (747–814), also um etwa 800, eine kurze Blütezeit. Aber erst im 13. Jahrhundert kam es zur Einrichtung von Lehrstühlen an zahlreichen der neu gegründeten Universitäten – beispielsweise in Padua, Bologna, Florenz, Paris und Oxford. Es ist deshalb besonders erstaunlich, welche Kenntnisse Hildegard von Bingen hatte. Zwar beschäftigt sie sich nicht mit der Astrologie als Wissenschaft, bezieht diese aber immer wieder in ihre Naturbeobachtungen ein und geht vor allem in *Causae et Curae* eingehend auf die Gestirne und ihre Bedeutung für Erde und Menschheit ein.

In der Renaissance galt die Astrologie als anerkannte Wissenschaft, und nicht nur fast alle weltlichen, sondern auch viele Kirchenfürsten und sogar Päpste hatten ihre astrologischen

Ratgeber. Als im 16. Jahrhundert das geozentrische Weltbild durch das heliozentrische abgelöst wurde, das statt der Erde die Sonne in den Mittelpunkt unseres Planetensystems rückte, bedeutete das zwar eine Revolution der damaligen Weltanschauung, nicht aber das Ende der Astrologie. Die Astronomen Nikolaus Kopernikus (1473–1543), Galileo Galilei (1564–1642) und Johannes Kepler (1571–1630) z. B. befaßten sich sehr ernsthaft mit der Schwesterwissenschaft. In die Geschichte eingegangen ist das Horoskop, das Johannes Kepler für Wallenstein erstellte, ohne dabei den Namen seines Auftraggebers zu kennen: Er sagte das Schicksal des Feldherrn mit großer Treffsicherheit voraus.

Als im 18. Jahrhundert das Zeitalter der Aufklärung begann, wurde alles abgelehnt, was nicht logisch zu begründen oder experimentell zu beweisen war. So kam es zu einem neuerlichen Niedergang der Astrologie. Erst seit Ende des letzten Jahrhunderts findet diese auch bei Wissenschaftlern wieder vermehrte Aufmerksamkeit. So beschäftigte sich der Psychotherapeut und Kulturpsychologe C.G. Jung (1875–1961) eingehend mit der Astrologie. Auch der Psychologe Hans Jürgen Eysenck (geb. 1916) hat wesentliche Forschungsbeiträge über den Zusammenhang von Gestirnkonstellationen und Persönlichkeitsentwicklung geleistet. Heute gibt es zahlreiche ernstzunehmende Astrologen, die für ihre Berechnungen die modernsten mathematischen Methoden und entsprechende Computerprogramme verwenden.

Ein Wort des Aufklärungsphilosophen Immanuel Kant (1724–1804), dem alles Irrationale suspekt war, bestätigt in schöner Weise, daß sich Hildegards Anschauung vom Zusammenhang zwischen Mensch und Kosmos auch mit der modernen Philosophie vereinbaren läßt:
„Zwei Dinge erfüllen das Gemüt mit immer neuer und zunehmender Bewunderung und Ehrfurcht, je öfter und anhal-

tender sich das Nachdenken damit beschäftigt: der bestirnte Himmel über mir und das moralische Gesetz in mir."

Der Einfluß des Mondes

ÄGYPTER, Babylonier und Griechen verehrten den Mond als Gottheit und maßen seinem Einfluß auf das menschliche Leben größte Bedeutung zu. Die Dichter aller Sprachen besangen ihn als Freund der Liebenden. Die Gelehrten des Altertums richteten den Kalender nach ihm ein, und die Seefahrer des 16. und 17. Jahrhunderts benutzten ihn für ihre Positionsbestimmungen. Neil Armstrong, der erste Mensch, der einen Fuß auf die Oberfläche des Mondes setzte, verglich ihn mit einer erkalteten „aschgrauen Mischung aus Zementpulver und Basaltsteinen".

Auch Hildegard von Bingen machte sich Gedanken über den Mond und seine Beschaffenheit. In *Causae et Curae* schreibt sie, daß der Mond aus Feuer und dünner Luft bestehe. Sie fährt fort:

„Wenn er ganz abnimmt, verschwindet er unter die Sonne. Von ihr breitet sich eine Sphäre aus, die ihn zur Sonne zieht, wie der Magnet Eisen anzieht. Sie zündet den Mond an und auch die übrigen Planeten und Sterne. Die Luft und die übrigen Gestirne rings um den Mond strahlen ihn an und helfen mit, ihn anzuzünden. Wenn er angezündet ist, nimmt er allmählich zu, bis er wieder voll ist, so wie auch ein Holzstoß oder ein Haus, in Brand gesetzt, erst allmählich zu brennen beginnt, bis es schließlich ganz in Flammen steht ...Wenn der Mond voll wird wie eine schwangere Frau, strahlt er sein Licht ab und gibt es an die Sterne weiter. So werden die Sterne heller."

Natürlich stimmen diese Bemerkungen nicht mit den wissenschaftlichen Tatsachen überein, wie sie uns heute bekannt sind. Aber sie lassen uns einen Blick werfen in die Gedankenwelt Hildegards, die auch ohne tiefere astronomische Kenntnisse zu der Überzeugung gelangt, daß die Gestirne zueinander in vielfältigen Zusammenhängen stehen und für ihr Gleichgewicht gewissermaßen aufeinander angewiesen sind.

Der Mond und das Meer

Der Einfluß des Mondes auf die Bewegungen von Ebbe und Flut ist allen Völkern seit Jahrtausenden bekannt, die in der Nähe des Meeres leben. Aber immer noch forschen Wissenschaftler über dieses Phänomen, das täglich Milliarden von Tonnen Wasser in Bewegung setzt. Steht der Mond besonders kräftig und voll am Himmel, steigen auch die Fluten besonders hoch. Sämtliche Organismen, die im Wasser leben – Algen, Seesterne, Austern, Krebse und Fische –, leben in diesem Rhythmus. Und dies seltsamerweise sogar dann noch, wenn man sie in eine künstliche Umgebung bringt – etwa in ein Aquarium.

Die Wissenschaft vermutet, daß Meerestiere den Rhythmus der Gezeiten gar nicht körpernah zu spüren brauchen, sondern sich nach einer Art innerer Monduhr richten. Und diese funktioniert so zuverlässig, daß die Fischer seit Jahrtausenden am liebsten bei Neu- und Vollmond in See stechen: Dann nämlich schwärmen sogar besonders scheue Fische an die Wasseroberfläche und beißen leichter an.

Der Mond und die Pflanzen

Auch im erdigen Bereich der Samen, Pflanzen und Früchte erkennt man die Spuren des Mondes. Auf der ganzen Welt haben Bauern und Gärtner übereinstimmende Erfahrungen gesammelt. Einen wichtigen Beitrag leistet dabei Hildegard von Bingen, die zahlreiche dieser Erfahrungen in *Causae et Curae* weitergibt. Sie räumt dabei dem Mond eine sehr wichtige Stellung beim Gedeihen der Pflanzen ein, weil er ihrer Meinung nach alle in der Atmosphäre enthaltenen Stoffe in sich sammelt

– die „widerwärtigen, unbrauchbaren" wie auch die reine und nützliche Luft, die zu verschiedenen Zeiten das Grün hervorbringt, die Früchte reifen und das Laub welken läßt. Sie fährt fort:

„Dies alles sammelt der Mond in sich wie ein Mann, der Wein in einen Schlauch gießt, ihn aufhebt und wieder austrinkt. So sammelt auch der Mond dies alles in sich, wenn er zunimmt, und trinkt es aus, wenn er abnimmt. Deshalb sind seine Tage manchmal gut, manchmal schlecht, manchmal nutzbringend, manchmal nicht nutzbringend, manchmal kräftig, manchmal schwach, manchmal widerwärtig, manchmal schön, manchmal trocken und manchmal beeinträchtigen sie die Früchte nachhaltig."

Wer sich dieses Wissen zunutze macht, wird gesündere und reichlichere Erträge erzielen, ohne deshalb mehr düngen zu müssen. So schreibt Hildegard über die richtige Zeit der Aussaat des Getreides:

„Wenn das, was bei abnehmendem Mond geerntet wird, zur Aussaat verwendet wurde, keimt und wächst es zwar langsamer und bringt weniger Halme, liefert jedoch einen größeren Ertrag an Korn, als wenn es bei zunehmendem Mond abgeschnitten worden wäre. Jeder Samen, der bei zunehmendem Mond in die Erde kommt, keimt und wächst schneller und bringt mehr Halm, weil er bei zunehmendem Mond aufgeht, als wenn er bei abnehmendem Mond gesät würde. Wenn er nämlich dann gesät würde, würde er nur allmählich aufgehen, bis er dann, wohl gekräftigt, weiterwachsen würde." (*Causae et Curae*)

Bei der Getreideernte ist zu berücksichtigen, ob eine größere Mehlausbeute oder eine längere Lagerfähigkeit des Korns gewünscht wird. Das Getreide, das bei zunehmendem Mond gemäht wird, bringt mehr Mehl, „weil es bei zunehmendem Mond seine volle Ausgiebigkeit besitzt". Dafür behält Getreide, das bei abnehmendem Mond gemäht wird, länger seine Kraft. Auch der Erntezeitpunkt für das Saatgut ist wichtig:

> „Das Getreide, das bei zunehmendem Mond abgemäht wird, schlägt schneller Wurzeln, wächst schneller zu Getreideähren heran und bringt auch rascher und mehr Stroh, jedoch weniger Ertrag, als wenn es bei abnehmendem Mond gemäht wird." (*Causae et Curae*)

Auch hierbei ist also zu bedenken, ob man – etwa aus Witterungsgründen – eine frühere Ernte wünscht, die dafür weniger Ertrag bringt, oder eine spätere Ernte mit mehr Korn, aber weniger Stroh.

Hildegard von Bingen bezieht den Mondeinfluß übrigens nicht nur auf das Säen und Ernten, sondern auch auf das Schlachten von Vieh, dessen Fleisch ebenfalls eine unterschiedliche Qualität haben kann, je nachdem in welcher Mondphase es gewonnen wurde:

> „Alles Gemüse und Obst, das bei zunehmendem Mond geerntet wird, und das Fleisch vom Vieh, das zu dieser Zeit geschlachtet wird, hat einen größeren Nährwert, weil es dann voll Saft und Blut ist, als wenn man es bei abnehmendem Mond erntet oder schlachtet. Eine Ausnahme macht man dann, wenn es länger halten soll, weil es dann wegen der Zusammenziehung des abnehmenden Mondes, durch die sie auch zusammengezogen werden, besser und vorteilhafter ist, dann das Gemüse und das Obst zu ernten und das Vieh zu schlachten, wenn der Mond abnimmt, damit es sich um so länger halten kann." (*Causae et Curae*)

In unserer Zeit wird dieses uralte Wissen, das die Mondphasen in Gärtnerei und Landwirtschaft einbezieht, zunehmend auch wissenschaftlich untersucht, ergänzt und erweitert und immer weiteren Kreisen von Anbauern zugänglich gemacht. Vor allem der biologisch-dynamische Landbau arbeitet nach diesen Prinzipien.

Ein großes Verdienst kommt bei diesen Untersuchungen Maria Thun zu, deren jährlich erscheinende *Aussaattage* aus dem Leben vieler Gärtner und Bauern nicht mehr wegzudenken sind. Sie bezieht auch die Tierkreiszeichen in ihren Mondkalender ein, weil diese ebenfalls unterschiedliche Einflüsse auf die Pflanzen haben, wenn der Mond an ihnen vorbeiwandert. Die folgende Übersicht gibt das jeweilige Sternbild an sowie den jeweiligen Pflanzenteil, auf den der kosmische Einfluß dabei besonders wirksam ist:

Fische	– Blatt	Jungfrau	– Wurzel
Widder	– Frucht	Waage	– Blüte
Stier	– Wurzel	Skorpion	– Blatt
Zwillinge	– Blüte	Schütze	– Frucht
Krebs	– Blatt	Steinbock	– Wurzel
Löwe	– Frucht	Wassermann	– Blüte

An den entsprechenden Tagen, die in Kalendern, die inzwischen von verschiedenen Verlagen angeboten werden, angegeben sind, ist das Säen, Ernten und Kultivieren der Gemüse-, Obst- und Kräuterarten am günstigsten. Das bedeutet nun allerdings nicht, daß man sich sklavisch an diese Kalender zu halten habe – obwohl manche Gärtner dies tun und mitunter sogar mitten in der Nacht „die Gunst der Stunde" nutzen. Maria Thun gibt in einem ihrer *Aussaattage* verschiedene Ausweichmöglichkeiten:

„Ist man verhindert, optimale Saatzeiten zu benutzen, sollte man auf alle Fälle ungute Zeiten, die im Kalendarium gestrichen sind, meiden [die sog. Lostage, Anm.d.V.] und Tage anderer Fruchtungstypen für die Aussaaten wählen. Es läßt sich dann einiges ausgleichen, indem man Hackarbeiten und dergleichen an günstigen Tagen durchführt. Gute Saatzeit bedeutet auch immer gute Erntezeit für die entsprechende Frucht. Dabei nehmen die Blattage eine Ausnahmestellung ein. Sie eignen sich nie für die Ernte von Pflanzen, die nicht sofort verbraucht werden. Als Ersatz für die Ernte von Blattfrüchten, wie Winterkohl, kann man die Blüten- oder Fruchttage wählen."

Auch wenn Sie keinen Aussaatkalender besitzen, in dem die Sternzeichen im Zusammenhang mit dem Mondstand angegeben sind, können Sie durch die Beachtung einiger Gesetzmäßigkeiten bessere Ergebnisse beim Anbau und bei der Ernte erzielen:
- Säen und ernten Sie bei *abnehmendem* Mond vor allem Gartengemüse, bei denen die Frucht und nicht das Grün am wichtigsten ist – z. B. Getreide, Hülsenfrüchte, Zwiebeln, Rüben, Möhren, Rettich sowie Kartoffeln.
- Säen und ernten Sie bei *zunehmendem* Mond vor allem Blattfrüchte, die frisch verbraucht werden – z. B. Salat, Spinat, Küchen- und Heilkräuter, Blumen- und Rasensamen.
- Ernten Sie alles, was Sie trocknen oder lagern wollen, am besten bei *abnehmendem* Mond.

Besonders wichtig ist es, Heilkräuter zu jenen Zeiten zu sammeln, in denen sie ihre größten Kräfte entfalten. Hildegard von Bingen schreibt dazu:
„Wenn edle, gute Kräuter bei zunehmendem Mond vom Boden abgeschnitten oder mit der Wurzel aus der Erde gezogen werden, wenn sie in vollem Saft stehen, eignen sie sich besser zur Zubereitung von Latwergen [breiig zubereitetes Arzneimittel, Anm.d.V.], Salben und jeder Medizin, als wenn man sie bei abnehmendem Mond sammelt." (*Causae et Curae*)

Da aber gerade bei Heilkräutern die unterschiedlichen Pflanzenteile zu unterschiedlichen Zeiten geerntet werden müssen, kann diese Regel noch verfeinert werden, indem man die Pflanzen dann sammelt, wenn die entsprechenden Teile die meiste Heilkraft entfalten.

Die beste Zeit zum Sammeln von Wurzeln:
Im frühen Frühjahr verwenden die Pflanzen ihre Kräfte noch nicht für Austrieb und Blüte, im Herbst ist der Saft bereits wieder in die Wurzel abgestiegen. Dies ist also die beste Zeit, um Wurzeln zu sammeln (z. B. vom Löwenzahn, Brennesseln, Quecke usw.).
Graben Sie die Wurzeln bei Vollmond oder bei abnehmendem Mond aus, und zwar möglichst vor Sonnenaufgang oder in den späten Abendstunden.
Am besten geeignet sind die Wurzeltage Steinbock und Jungfrau, notfalls auch Stier.

Die beste Zeit zum Sammeln von Blättern:
Je nach Pflanzenart können Blätter fast das ganze Jahr über gesammelt werden – z. B. Brennesseln, Löwenzahn usw. Allerdings sollten die Pflanzen nicht zu alt sein, weil die Blätter dann nicht mehr so viele Wirkstoffe enthalten. Außerdem sollte es nicht regnen, und auch der Morgentau sollte getrocknet sein. Sammeln Sie die Blätter bei zunehmendem Mond.
Am besten geeignet sind die Blattage Krebs, Fische und Skorpion. An letzteren Tagen sind die Blätter besonders haltbar.

Die beste Zeit zum Sammeln von Blüten:
Die beste Zeit dafür ist, wenn die Pflanzen in voller Blüte stehen. Besonders gut sind die Mittagsstunden geeignet, da sich dann in den Blüten die ganze Sonnenkraft sammelt. Auch hier ist es wichtig, daß es nicht regnet und der Morgentau bereits abgetrocknet ist. Sammeln Sie die Blüten bei zunehmendem Mond oder bei Vollmond.
Am besten geeignet sind die Blütentage Zwillinge, Waage und Wassermann.

Die beste Zeit zum Sammeln von Früchten und Samen:
Früchte und Samen von Kräutern sollten nur in voller Reife gesammelt werden. Bei vielen Kräutern (Fenchel, Kümmel

usw.) erkennen Sie diese daran, daß die Samen sich bräunlich verfärben. Auch Samen sollten nur bei trockenem Wetter geerntet werden.
Allerdings sollten Sie die heiße Mittagszeit vermeiden, weil die Samen dann ihre ätherischen Öle zu stark an die Luft abgeben.
Sammeln Sie Samen und Früchte bei abnehmendem Mond.
Am besten geeignet sind die Fruchttage Widder, Löwe und Schütze.

Ein wichtiger Punkt in jedem Garten ist die *Schädlingsbekämpfung,* für die selbstverständlich keine „harten" chemischen Mittel verwendet werden sollten, die meistens auch die Nützlinge in Mitleidenschaft ziehen. Oft hilft schon die richtige „Pflanzengesellschaft", um Schädlinge fernzuhalten oder ihr Auftreten zumindest in Grenzen zu halten. Nähere Angaben dazu finden Sie in der *Pflanzen- und Kräuterkunde.* Auch Pflanzenjauchen – z.B. Brennessel- oder Schachtelhalmbrühe – sind überaus wirksame Mittel, um die Pflanzen zu kräftigen und Schädlinge zu bekämpfen, ohne dabei das biologische Gleichgewicht Ihres Gartens zu stören oder gar für Mensch und Tier schädliche Gifte verwenden zu müssen. Außerdem hat der biologische Gartenbau inzwischen auch viele „sanfte" Fertigpräparate zur Schädlingsbekämpfung entwickelt. Fragen Sie in Ihrem Fachgeschäft danach.

Unterstützen können Sie diese Maßnahmen, indem Sie die Schädlingsbekämpfung zur „rechten Zeit" durchführen:
- Ganz allgemein ist zur Ungezieferbekämpfung (Raupen, Schnecken, Ameisen, Käfer usw.) die Zeit des abnehmenden Mondes am besten geeignet.
- Unterirdische Schädlinge (Würmer, Engerlinge usw.) kann man am besten an einem Wurzeltag bekämpfen, wenn der Mond in Stier, Schütze oder Jungfrau steht.

- Oberirdische Schädlinge (Käfer, Ameisen, Schnecken usw.) bekämpft man am besten an allen jenen Tagen, wenn der Mond in Krebs oder aber in Zwillinge oder Schütze steht.

Aber nicht nur Ungeziefer muß im Garten bekämpft werden, auch die „Unkräuter". Von diesen sind viele wirksame Heilpflanzen (Wegerich, Löwenzahn usw.), können in der Küche (Brennessel, Löwenzahn usw.) oder zur Pflanzendüngung verwendet werden (Brennessel, Schachtelhalm usw.). Trotzdem muß natürlich gejätet werden, damit die Kulturpflanzen sich optimal entwickeln können. Hierfür ist die Zeit des abnehmenden Mondes am besten geeignet, weil dann das Kraut schneller vertrocknet und nicht so leicht wieder auskeimt. Es kann also durchaus als Mulchmaterial verwendet werden.

Um die Gesundheit von Obstbäumen zu erhalten und höhere und qualitativ bessere Erträge zu erzielen, müssen Obstbäume regelmäßig sachkundig beschnitten und ausgelichtet werden. Dafür gibt Hildegard von Bingen detaillierte Hinweise:

„Das Pflanzen und Beschneiden der Bäume erfolgt im Hinblick auf ihre Widerstandsfähigkeit besser bei abnehmendem als bei zunehmendem Mond. Wenn dies nämlich bei zunehmendem Mond geschieht, dann kümmern sie wegen des aufsteigenden und überschüssigen Saftes sehr oft dahin, schlagen nicht so gut Wurzeln und wachsen nicht so gut heran, als wenn es bei abnehmendem Mond erfolgt. Wenn es nämlich bei abnehmendem Mond erfolgt, dann ist im Inneren der Bäume eine größere und stärkere Kraft verborgen, weil dann der Saft etwas verringert ist. Daher schlagen sie schneller Wurzeln und sind widerstandsfähiger als im Überfluß des Saftes, weil der Saft dann bei zunehmendem Mond an den beschnittenen Stellen austritt." (*Causae et Curae*)

Dagegen sollte man das Veredeln von Obstbäumen und -büschen bei zunehmendem Mond vornehmen – am besten um die Vollmondzeit herum und möglichst an einem Fruchttag, also wenn der Mond in Widder, Löwe oder Schütze steht.

Hecken und Büsche werden – wenn sie dichter werden sollen – am besten zu Beginn des zunehmenden Mondes geschnitten. Will man sie allerdings etwas lichten, beschneidet man sie besser zur Zeit des abnehmenden Mondes.

Da Hildegard von Bingen in einem der wichtigsten Weinanbaugebiete lebte, schreibt sie natürlich auch über die Behandlung der Reben, die eine der wichtigsten Einnahmequellen waren und sind:
„Wenn die Weinreben zur Pflege der Weinstöcke beschnitten werden, gelangen sie zu größerer Nutzleistung und Fruchtfülle, wenn sie bei abnehmendem statt bei zunehmendem Mond beschnitten werden. Denn je mehr sie bei zunehmendem Mond beschnitten werden, desto mehr Saft und Tropfen fließen aus ihnen heraus. Auf diese Weise wird der Weinstock etwas trockener, als wenn die Reben bei abnehmendem Mond beschnitten würden, weil dann die Kraft im Inneren zurückbleibt und die Schnittstelle bis zum zunehmenden Mond verwächst und sich verhärtet." (*Causae et Curae*)

Selbst das Holzschlagen kann unter den Gesichtspunkten des Mondkalenders betrachtet werden. Der Beweis ist die unterschiedliche Haltbarkeit von Weihnachtsbäumen. Manchmal halten eher geschlagene Weihnachtsbäume wesentlich länger als frischere – eben weil sie zur „rechten Zeit" geschlagen wurden.
- Weihnachtsbäume sollten bei zunehmendem Mond, am besten drei Tage vor dem elften Vollmond des Jahres geschlagen werden. Dieser kann in den November, aber auch in den

Dezember fallen. Dann ist mehr Saft im Holz, und die Bäume nadeln nicht so schnell.
- Bauholz dagegen sollte bei abnehmendem Mond gefällt werden. Zu dieser Zeit enthält es am wenigsten Saft. Dadurch fault das Holz nicht so schnell und bekommt zudem nicht so schnell Risse, wenn es trocknet.
- Das gleiche gilt für Brennholz.

Es ist interessant, daß einige Pflanzen offensichtlich auch in ihrem Äußeren den Mondeinfluß widerspiegeln. So gibt es wahre „Mondpflanzen", die bei zunehmendem Mond täglich ein neues Blatt bekommen und bei abnehmendem Mond täglich ein Blatt verlieren. Besonders offensichtlich ist dieser Einfluß bei Wurzelfrüchten wie Karotte oder Roter Bete: An den Ringen können wir nämlich erkennen, wie alt die Wurzel war, als sie geerntet wurde, da jeder zunehmende Mond einen Ring hinzufügt – auf die gleiche Weise, wie ein Baum Jahresringe bekommt. Auch eine Zwiebel legt bei jedem zunehmenden Mond eine Haut zu.

Der Mond und unser Alltag

Unsere Urgroßmütter machten sich auch bei ihrer Haushaltsarbeit den Einfluß des Mondes zunutze. So wählten sie für ihre „große Wäsche" das Frühjahr, weil sie dann die Wäschestücke draußen trocknen und bleichen konnten – beachteten aber gleichzeitig den Mondstand, um sich diese schwere Arbeit zu erleichtern. Auch beim Brotbacken, Einkochen usw. wurden diese Möglichkeiten genutzt. Deshalb im folgenden eine kleine Auflistung von alten „Volksbräuchen", deren Anwendung heute wiederentdeckt und deren Wirksamkeit immer wieder bestätigt wird.

- Alle Reinigungsarbeiten im Haus (Wischen, Putzen, Fenster reinigen usw.) lassen sich bei abnehmendem Mond leichter

erledigen, weil der Schmutz sich leichter löst und der Erfolg dauerhafter ist.
- Das gleiche gilt für Renovierungsarbeiten im Haus, z. B. Streichen und Tapezieren. Tapeten lösen sich nicht so leicht wieder, und Farben und Untergrund trocknen besser. Außerdem lassen sich Farbspritzer leichter vom Boden und von den Fenstern entfernen.
- Die Wäsche sollte möglichst bei abnehmendem Mond gewaschen werden. Zu dieser Zeit lösen sich selbst problematische Flecken wesentlich leichter. Dies gilt selbst für wertvolle Textilien, die in die chemische Reinigung gegeben werden müssen.
- Räume und vor allem Federbetten sollte man bei zunehmendem Mond möglichst nur kurz lüften, weil sonst zuviel Feuchtigkeit in den Federn bleibt. Bei abnehmendem Mond kann man dann ausgiebiger lüften.
- Zum Haareschneiden sollten Sie am Beginn des zunehmenden Mondes gehen, wenn das Haar dichter werden soll. Ist weniger Wachstum erwünscht, wählen Sie dafür den Zeitpunkt des abnehmenden Mondes.
- Das gleiche gilt für das Nägelschneiden.

Der Mond und die Psyche

Es gibt Menschen, die bei Vollmond schlafwandeln und sich dadurch in gefährliche Situationen bringen können. Nicht umsonst bezeichnet man sie als „mondsüchtig". Sehr viele andere leiden zu dieser Zeit unter Schlaflosigkeit und Depressionen. Aber während sich für den Durchschnittsmenschen der Einfluß des Vollmondes allenfalls darin äußert, daß er reizbar ist und unruhig schläft, bedeutet er für psychisch labile Menschen eine weitaus größere Gefahr. Nicht von ungefähr heißt das englische Wort für geistesgestört *lunatic* (lat. *luna*, der Mond).

Woran liegt es, daß Menschen in Vollmondnächten immer wieder „verrückt" spielen? Was ist der Grund für die Welle von Gewalttaten, die drei Tage vor Vollmond beginnt, bei Vollmond ihren Höhepunkt erreicht und dann allmählich wieder abebbt?
- Von 62 statistisch erfaßten Morden in London innerhalb eines Jahres wurden 37 bei Vollmond begangen und 18 bei Neumond.
- „Jack the Ripper", der „Würger von Boston", der „Sohn des Satans" – drei Massenmörder, die weltweit Schlagzeilen machten, töteten unter Mondeinfluß, wie auch John Christie, der sieben Frauen und ein Kind bei Vollmond ermordete.
- Die Hälfte aller Selbstmordversuche ereignet sich unmittelbar vor oder nach Vollmond.
- Auch die seelisch kranken Brandstifter werden in diesen Nächten aktiv.

Der amerikanische Mediziner und Psychiater Dr. Arnold Lieber begründet das so: Der Mensch besteht – wie die Oberfläche der Erde – zu 80 Prozent aus Wasser. Also erzeugt der Mond, ähnlich wie bei Ebbe und Flut, auch im menschlichen Körper „Niedrig- und Hochwasser". Das führt zu Gewebespannungen, Schwellungen und vor allem zu Reizbarkeit, die wiederum in Gewalttätigkeit ausufern kann.

Der Mond und die Säfte

Den Einfluß des Mondes auf den Körper des Menschen bestätigt auch Hildegard von Bingen. Offensichtlich hat sie dieses Phänomen bereits zu ihrer Zeit sehr gründlich beobachtet und untersucht. So schreibt sie:

„Da der Mond diese Wechselhaftigkeit [in den verschiedenen Mondphasen, Anm. d. V.] in sich hat, so zeitigt auch der Wasserhaushalt des Menschen eine ständige Wechselhaftig-

keit im Leiden, bei der Arbeit, in der Einstellung zum Leben und im Glück." (*Causae et Curae*)
Etwas weiter fährt sie fort:
„Der Mond begegnet dem Menschen bei allem, was er in seinem Leben tut, wenn er die Luft einatmet. So werden das Blut und die Säfte, die im Menschen sind, nach der Zeit der Mondbewegung bewegt, und zwar je nachdem der Mond die Luft bei gutem Wetter oder bei einem Unwetter bewegt, und dementsprechend fließen dann das Blut und die Säfte im Menschen." (*Causae et Curae*)

Vor allem das Blut wird offensichtlich vom Mond beeinflußt. So heißt es schon in den alten indischen Ayurveda-Schriften, daß das Blut des Menschen dem Mond gehorche. Tatsächlich war und ist auf der ganzen Welt Heilern und Kräuterkundigen bekannt: Bei Voll- und Neumond bluten frische Wunden stärker und platzen alte Wunden leichter auf. Nimmt der Mond ab, heilen Verletzungen schneller und problemloser. Das ist der Grund dafür, daß man früher Zähne nur bei abnehmendem Mond zog – eine Praxis, die inzwischen bei zeitgenössischen Zahnärzten aufgrund ihrer Beobachtungen wieder „in Mode" kommt. Der Aderlaß wurde dagegen eher an „mondstarken" Tagen, also bei zunehmendem Mond oder bei Vollmond, vorgenommen.

Inzwischen entdecken auch zahlreiche Chirurgen die Gesetzmäßigkeit des Mondeinflusses auf das Blutungsverhalten. So führte z. B. Dr. Edson Andrews, Facharzt für Hals-, Nasen- und Ohrenchirurgie in Florida, jahrelang Aufzeichnung über Patienten, die nach einer Operation so stark bluteten, daß sie eine spezielle Behandlung benötigten. Er stellte fest, daß bei 82 Prozent dieser Fälle die Operation etwa um die Vollmondzeit durchgeführt worden war. Daraus zog er die Folgerung, daß er möglichst nur noch bei abnehmendem Mond operierte, wenn der Zustand des Patienten dies zuließ.

Auch Hildegard von Bingen war diese Veränderung des Blutes in den verschiedenen Mondphasen bereits bekannt. So schreibt sie:
„Wenn der Mond zunimmt und voll wird, dann vermehrt sich auch das Blut im Menschen, und wenn der Mond abnimmt, dann nimmt auch das Blut im Menschen ab. So ist es immer sowohl beim Weib als auch beim Mann. Wenn nämlich das Blut im Menschen bis zum vollen Stand zugenommen hat und wenn es dann im Menschen nicht wieder abnehmen würde, würde er ganz und gar zerbersten." (*Causae et Curae*)

Der Mond und die Frauen

Frauen haben naturgemäß einen besonders engen Bezug zum Mond – vielleicht ist dies ein Grund dafür, daß der Mond in fast allen Sprachen weiblich ist. So sind folgende Zusammenhänge statistisch nachgewiesen:
- Überdurchschnittlich viele Frauen bekommen ihre Periode entweder bei Vollmond oder bei Neumond.
- Die durchschnittliche Dauer eines weibliches Zyklus entspricht einem Mondumlauf – also etwa 28 Tage.
- Die Schwangerschaft dauert ziemlich genau zehn Mondmonate – nämlich 266 Tage.
- Überdurchschnittlich viele Kinder werden bei Vollmond oder Neumond geboren. (Allerdings nur, wenn man der „Natur ihren Lauf" läßt und nicht künstlich ins Geburtsgeschehen eingreift.)

Über den Einfluß des Mondes auf die monatliche Regelblutung der Frau schreibt Hildegard von Bingen:
„Stellt sich die monatliche Regelblutung bei einer Frau bei zunehmendem Mond ein, dann leidet sie zu dieser Zeit mehr darunter, als wenn es ihr bei abnehmendem Mond widerfahren wäre. Denn bei zunehmendem Mond mußte ihr

Blut zunehmen, das dann durch die Monatsblutung verringert wird." (*Causae et Curae*)
Viele Frauen können bestätigen, daß ihre Blutungen bei zunehmendem Mond schmerzhafter und heftiger ausfallen als bei abnehmendem Mond. Weitere Angaben zur Menstruation finden Sie im Band *Frauenheilkunde*.

Es ist eine wissenschaftlich bewiesene Tatsache, daß das Mondlicht den Eisprung auslösen kann. Durch die Zirbeldrüse wirkt das Licht stimulierend auf das Hormonsystem und hat so einen Einfluß auf den weiblichen Zyklus. Voraussetzung ist aber, daß ein Wechsel von hellen und dunklen Nächten gewährleistet ist. Dafür sorgte früher der Mond mit seinen Voll- und Neumondphasen. Dieser natürliche Wechsel ist heute – vor allem in den Großstädten – durch künstliche Dauerbeleuchtung der Straßen aufgehoben.

Vor Jahren schon haben Frauen – z. B. in Gesundheitszentren für Frauen – nachgewiesen, daß man den Zyklus des Mondes (zumindest was die in diesem Fall wichtige Lichtwirkung anbetrifft) auch imitieren kann, indem man zunächst in völlig abgedunkelten Räumen schläft und dann an drei aufeinanderfolgenden Nächten eine schwache Lichtquelle beim Schlaf brennen läßt. Selbst bei bisher unregelmäßigem Zyklus kann man mit Disziplin, Geduld und Training so den Eisprung auslösen. Die auf dieser Beobachtung basierende Verhütungsmethode heißt „Lunaception".

Der Mond und die Zeugung bzw. die Empfängnis

Sehr viel Raum widmet Hildegard von Bingen in ihrem Buch *Causae et Curae* dem Einfluß des Mondes auf Zeugung und Empfängnis und damit auf die Beschaffenheit des werdenden Kindes. So weist Hildegard darauf hin, daß nicht nur das Alter der Eltern, sondern auch der Mondstand während der Zeugung wichtig für die Zukunft des Kindes ist:

„Wer wäre so töricht, daß er in allzugroßer sommerlicher Hitze oder in allzugroßer winterlicher Kälte den Samen aussäte? Er würde zugrunde gehen und nicht heranwachsen. So ergeht es auch den Menschen, die weder die Reifezeit ihres Alters noch den Stand des Mondes beachten, sondern jederzeit nach Lust und Laune zeugen wollen. Deshalb haben ihre Kinder unter ziemlich vielen Schmerzen körperliche Gebrechen. ... Daher soll der Mann seine körperliche Reifezeit beachten und die richtigen Mondzeiten mit so großem Eifer ermitteln wie einer, der seine reinen Gebete vorbringt; das heißt, er soll seine Nachkommenschaft zu einer solchen Zeit zeugen, daß seine Kinder nicht an Gebrechen zugrunde gehen müssen."

Hildegard von Bingen hat sich sehr viele Gedanken über Zeugung und Empfängnis und über die gesamte Sexualität des Menschen gemacht – im Grunde recht erstaunlich für eine fromme Nonne, andererseits aber bewundernswert, da sie sowohl die Wichtigkeit als auch die Natürlichkeit dieser Lebensbereiche erkennen und bejahen kann. Nähere Angaben dazu finden Sie in der *Frauenheilkunde*. Wichtig ist ihr aber auch die Frage, wie der Einfluß des Mondes bei der Zeugung eines gesunden, glücklichen Kindes helfen kann.

„Wenn bei zunehmendem Mond das Blut im Menschen auf diese Weise zunimmt, dann ist auch der Mensch, nämlich das Weib ebenso wie der Mann, fruchtbar ... Wenn nämlich bei zunehmendem Mond auch das Blut des Menschen zunimmt, ist der Samen des Mannes stark und kräftig. Wenn bei abnehmendem Mond auch das Blut des Menschen abnimmt, ist der Samen des Mannes schwach und ohne Kraft wie ein Bodensatz, und daher ist er dann weniger geeignet, Nachwuchs zu zeugen. Wenn eine Frau zu dieser Zeit empfängt, dann wird das Kind ... krank, schwach und nicht kräftig werden." (*Causae et Curae*)

Hildegard von Bingen rät also dazu, ein Kind möglichst bei zunehmendem Mond zu zeugen, damit dieses kräftig und gesund wird.

Übrigens gibt sie auch eine Beschreibung der Menschen, die bei Vollmond empfangen wurden. Sie sind zwar nicht krank oder besonders anfällig, sollten aber doch einiges in ihrer Lebensführung beachten, vor allem in ihrer Ernährung:

„Einige Menschen, die bei Vollmond und mäßig erwärmter Luft empfangen werden, die also weder zu warm noch zu kalt sind, sind gesund und so gierig beim Essen von Speisen, daß sie die verschiedenen Speisen ohne Unterschied zu sich nehmen. Obwohl sie die verschiedenen Speisen ohne Unterschied essen und auch essen können, sollten sie doch auf bestimmte schädliche Speisen verzichten. So fängt auch ein Jäger brauchbares Wild und läßt nutzloses wieder laufen." (*Causae et Curae*)

Auch verschiedene Wetterereignisse, die nach Hildegards Meinung möglicherweise auf Mondeinflüsse zurückzuführen sind, können das Schicksal eines Menschen bestimmen:

„Das Wasser zieht gerne solche Menschen zum Ertrinken an, die dann empfangen wurden, wenn der Mond viele Wassergüsse im Regen mit sich bringt. Wer empfangen wird, wenn der Mond während zu starker sommerlicher Hitze scheint, den zieht das Feuer gerne zum Verbrennen an. Wer dann empfangen wird, wenn die Hundstage sind, wird leicht, weil es die ‚bissigen' Tage sind, von wilden Tieren gefressen. Wer zur Zeit des Laubfalls empfangen wird, fällt leicht von Bäumen oder anderen hohen Stellen herunter." (*Causae et Curae*)

Es wäre sicherlich interessant, diese Angaben Hildegards statistisch und wissenschaftlich zu überprüfen – was meines Wissens bisher noch nicht geschehen ist. Sicherlich würde man dabei zu sehr interessanten Ergebnissen und Übereinstimmungen kommen. Solange es hier keine verifizierten Ergebnisse gibt, kann man Hildegards Ausführungen nur zur Diskussion stellen und es jedem Menschen selbst überlassen, ob er sie ausprobieren möchte oder nicht.

Mindestens ebenso interessant wäre sicherlich die Überprüfung ihrer sehr detaillierten Angaben über die in verschiedenen Mondphasen empfangenen Kinder. Um die folgenden Ausführungen Hildegards besser verstehen zu können, ist es wichtig, zwischen dem „anomalistischen" und dem „synodischen" Mondmonat zu unterscheiden.

Anomalistischer Mondmonat
Diese Berechnung, bei der ein Mondmonat etwa 28 Tage dauert, wird vor allem für die Berechnung einer Schwangerschaft verwendet. Im medizinischen Sprachgebrauch dauert diese denn auch nicht neun (Sonnen-)Monate, sondern zehn (Mond-)Monate.

Synodischer Mondmonat
Bei dieser Berechnung umfaßt ein Monat ungefähr 30 Tage, mitunter müssen Schalttage eingesetzt werden. Dabei fällt je ein Tag auf den Neumond und einer auf den Vollmond. Die abnehmende und die zunehmende Phase umfassen je 14 Tage. Die erste Mondphase ist dabei der erste zunehmende Mond nach Neumond, und auch die letzte Mondphase entspricht wiederum dem Neumond. Nach diesem Kalender richten sich auch Hildegards Prognosen über die Zukunft eines zu dieser Zeit empfangenen Kindes. Übrigens verwendet auch die moderne Astrologie häufig als Ergänzung zum Sonnenhoroskop – das sich am Stand der Gestirne zum Zeitpunkt der Geburt ausrichtet – das Mondhoroskop, das den Stand der Gestirne zum Zeitpunkt der Empfängnis einbezieht.

Die folgenden Zitate von Hildegard von Bingen sind allesamt ihrem *Causae et Curae* entnommen.

Zunehmender Mond
1. Mondphase: Ein männliches Kind, das zu diesem Zeitpunkt empfangen wird, wird nach Hildegards Angaben „stolz und hartherzig. Er liebt keinen Menschen außer den, der ihn fürchtet und ehrt".
Solche Menschen seien körperlich gesund und hätten nicht unter schweren Krankheiten zu leiden. Allerdings erreichten sie meistens kein sehr hohes Alter.
Eine Frau „strebt immer nach Ansehen und wird mehr von Fremden als von den eigenen Familienmitgliedern geliebt ... Zu ihren Angehörigen ist sie böse und kümmert sich nicht um sie".
Auch die Frauen seien gesund. Würden sie allerdings einmal krank, sei diese Krankheit meistens recht heftig. Ebenso wie die Männer hätten die Frauen meistens keine sehr hohe Lebenserwartung.

2. Mondphase: Handele es sich um einen Jungen, der zu dieser Zeit empfangen wurde, so habe er „eine rege Phantasie, ein umfassendes Wissen und einen festen Charakter. Von seinen Mitmenschen wird er mit Achtung behandelt. Allerdings gerät er leicht in Panik".
Er leide zwar häufig unter Erkrankungen, diese seien aber leicht und harmlos. Seine Lebenserwartung sei höher als die eines in der 1. Mondphase empfangenen Kindes.
Ein zu dieser Zeit empfangenes weibliches Kind sei klug und wißbegierig und sehr um sich und seine Mitmenschen besorgt. Allerdings finde eine solche Frau wenig Gegenliebe.
Sie neige zu Depressionen, könne aber lange leben.

3. Mondphase: „Wer in der dritten Mondphase empfangen wird, wird, wenn er männlich ist, tüchtig sein", schreibt Hilde-

gard. Allerdings nützte ihm dies nicht viel, weil er sich mehr um die Angelegenheiten anderer Menschen als um seine eigenen bekümmere und meistens in abhängiger Stellung tätig sei.
Obwohl er anfällig gegen Krankheiten sei, habe er doch eine recht hohe Lebenserwartung.
Wenn es sich um ein Mädchen handele, habe dies „Unglück und Mißgeschick in weltlichen Angelegenheiten" zu erwarten, suche aber ständig die Verbindung zu Gott.
Sie werde wahrscheinlich an Gefäßerkrankungen leiden, könne aber lange leben.

4. Mondphase: Ein männliches Kind, das in dieser Zeit empfangen wird, habe die Anlage zu einem wahren „Hans im Glück". Hildegard schreibt: Er „wird dumm sein und sich leicht von anderen täuschen lassen. Er ist jedoch gutmütig und hat Glück, so daß er stolz, reich und angesehen wird".
Trotz körperlicher Gesundheit werde er jedoch nicht sehr alt werden.
Eine Frau werde „lobenswert". Ihre Mitmenschen schätzten sie, weil sie umgänglich sei.
Sie neige jedoch zu körperlicher Schwäche und habe möglicherweise keine sehr hohe Lebenserwartung.

5. Mondphase:
Ein Junge, der in dieser Phase empfangen wird, habe alle Eigenschaften, die ihm fürs Leben nützlich sein können: Tüchtigkeit, Zuverlässigkeit, Mut und Ausdauer.
Außerdem erfreue er sich einer guten Gesundheit und werde lang leben.
Frauen hätten häufig männliche Züge und seien sehr tüchtig.
Andererseits hält Hildegard sie für streitsüchtig und gehässig.
Gelegentlich hätten sie unter leichten Erkrankungen zu leiden, seien aber ebenfalls langlebig.

6. Mondphase: Den in dieser Mondphase empfangenen Jungen bescheinigt Hildegard ein gutmütiges und gewinnendes, aber nicht gerade männliches Wesen.
Diese Menschen würden leicht krank und hätten keine allzu hohe Lebenserwartung.
Obwohl die Frauen körperlich gesund seien, gelte dies auch für sie.
Sie würden von ihren Mitmenschen geschätzt und seien „tüchtig und brav".

7. Mondphase: Die in dieser Zeit empfangenen Kinder haben nach Hildegards Angaben wenig Liebenswertes an sich. Ein Junge werde dumm und verständnislos sein.
„Er hält sich aber für gescheit, obwohl er nicht gescheit ist."
Er sei kräftig und selten krank. Werde er doch einmal krank, neige er zu Depressionen. Er habe eine ziemlich hohe Lebenserwartung.
„Wenn es eine Frau ist, wird sie dreist, aber dumm und verständnislos und den Menschen widerwärtig sein."
Aber auch sie erfreue sich bester Gesundheit und habe eine hohe Lebenserwartung.

8. Mondphase: In dieser Mondphase empfangene Jungen würden „klug, keusch und maßvoll" sowie hilfsbereit sein.
Sie erfreuten sich im allgemeinen eines guten Gesundheitszustandes, erreichten aber kein sehr hohes Alter.
Frauen seien liebenswert, angenehm und tüchtig, neigten aber auch zur Putzsucht. Von Männern hielten sie nicht viel.
Auch sie seien relativ gesund, würden aber ebenfalls nicht sehr alt.

9. Mondphase: In dieser Phase empfangene Kinder seien körperlich eher schwach und würden nicht sehr alt.

Ein Mann neige nach Hildegards Angaben zu Ängsten und Unkeuschheit, während eine Frau eher sittsam und züchtig sei.

10. Mondphase: Den in dieser Phase empfangenen Kindern prophezeit Hildegard ein langes Leben, wobei Frauen gelegentlich immer wieder einmal an leichten Erkrankungen zu leiden haben könnten.
Ein Mann werde „tüchtig, rechtschaffen, brauchbar und glücklich" sein.
Eine Frau sei ebenfalls tüchtig und „ihren Menschen lieb und angenehm wie eine Lilie, rechtschaffen und glücklich".

11. Mondphase: Für die in dieser Phase empfangenen Kinder erweise sich der Mond nicht gerade als „Glücksstern".
Männer neigten zum Jähzorn und würden recht unglücklich sein. Zu Frauen fühlten sie sich nicht hingezogen.
Ihre Gesundheit sei nicht sehr gut, und sie hätten auch keine sehr hohe Lebenserwartung. Dies gelte auch für die Frauen.
Ihnen bescheinigt Hildegard ebenfalls Jähzorn, hält sie außerdem noch für verleumderisch, dabei aber doch für tüchtig.

12. Mondphase: Auch diese Mondphase ist nach Hildegards Angaben nicht unbedingt die glücklichste Zeit für die Empfängnis eines Kindes.
Ein Mann werde „chaotisch sein und seine Gedanken bald hierhin und bald dorthin richten. Er strebt nach fremden Orten und fremden Dingen. ... Sein ganzes Benehmen ist seinen Mitmenschen lästig".
Er neige zur Schwermut und werde nicht sehr alt.
Auch die Frauen seien ihren Mitmenschen eher unangenehm. Ihnen mangele es an Charakterstärke, und sie wollten keine Lehren annehmen.
Zwar seien sie nicht oft krank, würden aber trotzdem nicht alt.

13. Mondphase: Ein in dieser Phase empfangener Junge könne sich zu einem unfreundlichen, ängstlichen und unzuverlässigen Mann entwickeln.
Er habe eine Neigung zu Gemütskrankheiten und werde wahrscheinlich nicht sehr alt.
Auch die Frauen seien nicht sehr liebenswürdig, sondern neigten zur Hinterlist.
Bei ihnen könnten Lähmungserscheinungen auftreten, und sie erreichten ebenfalls kein sehr hohes Alter.

14. Mondphase: Jungen, die in dieser Mondphase empfangen werden, neigten zu Hochmut und Stolz. Sie würden hart arbeiten, um zu Ansehen zu gelangen, und außerdem viele Kinder zeugen.
Die Männer neigten zwar dazu, leicht zu erkranken, würden aber ebenso rasch wieder gesund. Sie hätten keine sehr hohe Lebenserwartung.
Frauen dagegen seien eher demütig und ebenfalls sehr arbeitsam. Sie würden zwar sehr angesehen, aber nicht sonderlich beliebt sein.
Trotz guter körperlicher Gesundheit würden auch sie meistens nicht sehr alt.

Vollmond
15. Mondphase: Obwohl bei Vollmond empfangene Menschen kein sehr hohes Alter erreichten, bringt der Vollmond nach Hildegards Angaben zumindest dem Mann Glück:
„Er wird angesehen und glücklich sein. Bei allen seinen Unternehmungen wird er erfolgreich sein und keinen Fehlschlag erleiden, ob sie nun gut oder böse sind."
Hinzu käme außerdem eine gute körperliche Gesundheit.
Frauen dagegen würden eher krank, würden aber auch schnell wieder gesund.
Sie seien „lobenswert", an allem interessiert und angesehen.

Eine solche Frau könne aber, „was ihre Beziehung zu Gott anbetrifft, leicht verlorengehen, wenn sie Gott nicht die Ehre erweist".

Abnehmender Mond
16. Mondphase: Den in dieser Mondphase empfangenen Kindern sagt Hildegard eine gute Gesundheit und ein langes Leben voraus.
Aber ein Mann werde „einen gewöhnlichen Charakter haben, der niemandem gefallen, sondern nur unangenehm sein wird. Obwohl er bei seinen Unternehmungen wenig Erfolg hat, hat er ein solches Selbstbewußtsein, daß er im Leben gut zurechtkommen kann".
Auch Frauen besäßen dieses Selbstbewußtsein, obwohl sie dumm seien und keine Ausdauer besäßen.

17. Mondphase: Über die Menschen, die in dieser Mondphase empfangen werden, schreibt Hildegard, daß sie zwar nicht sehr lange leben, „aber doch alt genug werden".
Ein Mann werde „albern sein und keinen Verstand besitzen". Aber die anderen Menschen würden ihn mögen, denn „sie amüsieren sich mit ihm wie mit einem Kind".
Frauen seien einerseits dumm, streitsüchtig und jähzornig, aber auch wieder gutmütig. Deshalb seien sie bei den Mitmenschen nicht unbeliebt.

18. Mondphase: Die in dieser Mondphase empfangenen Menschen würden ein langes Leben haben. Aber ihre Eigenschaften seien recht unerfreulich, und „ein solcher Charakter sowohl beim Mann als auch bei der Frau ist Gott zuwider".
Hildegard hält es nämlich für möglich, daß ein Mann zum Dieb und eine Frau unter Umständen zur Mörderin werden kann.

19. Mondphase: Ein in dieser Mondphase empfangener Junge sei einfältig und nicht hinterlistig. Dadurch sei er seinen Mitmenschen liebenswert. Wenn ihm andere Menschen nicht dazu verhelfen würden, werde er später kaum im Überfluß leben. Trotz körperlicher Gesundheit werde er nicht sehr alt werden. Auch Frauen seien trotz ihrer Dummheit meistens liebenswert. Obwohl sie leicht erkrankten, würden sie schnell wieder gesund. Auch sie hätten keine allzu hohe Lebenserwartung.

20. Mondphase: Diese Mondphase erscheint Hildegard von Bingen als Zeitpunkt einer Empfängnis offensichtlich als gänzlich ungeeignet, denn sie schreibt:
„Wer in dieser Phase empfangen wird, wird, wenn er männlich ist, mannhaft und schlecht sein, ein Räuber und ein Mörder, und er wird daran seine Freude haben. ... Wenn es aber eine Frau ist, wird sie eine Verräterin, Zerstörerin und Giftmischerin werden und Menschen gerne vergiften."
Allerdings würden solche Menschen sehr alt.

21. Mondphase: Menschen, die in dieser Mondphase empfangen wurden, stünden dem Leben recht hilflos gegenüber und neigten zu Depressionen. Allerdings seien sie dabei recht langlebig.
Männer seien häufig übellaunig und nähmen keinen Trost an. Eine Frau dagegen werde von ihren Mitmenschen geliebt, dabei sei sie furchtsam und ängstlich.
„Sie weiß sich auch nicht recht zu helfen, so daß sie fast vor Furcht vergehen würde, wenn sogar nur ein Kind ihr drohen würde."

22. Mondphase: Den in dieser Mondphase empfangenen Menschen bescheinigt Hildegard von Bingen Langlebigkeit, obwohl die Frauen leicht zu Gemütskrankheiten neigten.
Was den Charakter anbetrifft, hält Hildegard die Männer für zwiespältige Naturen, die auf ihren Vorteil achteten und ent-

sprechend ihre Gesinnung änderten. Der Charakter der Frauen sei hohl, aber gerade dadurch übten sie eine große Anziehungskraft auf Männer aus.

23. Mondphase: Glück und langes Leben prophezeit Hildegard den Menschen, die in dieser Mondphase empfangen wurden.
Ein Mann sei gut und liebenswürdig, „versteht es dagegen nicht, sich vor Nachteilen durch die Hinterlist anderer Menschen zu schützen". Eine Frau werde vor allem ihrer Sittsamkeit wegen beliebt sein. Allerdings sei sie manchmal etwas unüberlegt, aber nie hinterlistig.

24. Mondphase: Ein Mann, der in dieser Mondphase empfangen wurde, sei zwar sehr besonnen, aber dabei eigensüchtig, denn er sei geizig und würde den erworbenen Reichtum für sich allein behalten wollen. So nütze er kaum einem anderen Menschen.
Dies gelte auch für die Frau. Sie sei klug und listig, aber sie erwecke lediglich den Anschein, gut zu sein.

25. Mondphase: Über die in dieser Mondphase empfangenen Jungen schreibt Hildegard, daß sie stolz und frevelhaft seien. Ein solcher Mann könnte klug werden, „wenn sein Stolz und seine Frevelhaftigkeit seine Klugheit nicht zunichte machen würden wie der Wind, der den Staub verweht". Durch seinen übergroßen Stolz mache er sich bei seinen Mitmenschen oft sehr unbeliebt.
Die Gefahr, daß er sich Geschlechtskrankheiten zuzieht, sei groß. Er habe keine sehr hohe Lebenserwartung.
Eine Frau sei meistens sehr schön. Sie protze mit ihrer Anständigkeit, obwohl sie im Grunde nicht anständig sei. Dadurch mache sie sich unbeliebt.
Obwohl sie nicht oft krank sei, habe sie kein sehr langes Leben.

26. Mondphase: Die in dieser Mondphase empfangenen Menschen seien langlebig.
Männer und Frauen seien klug, beständig und überlegten sich gut, was sie tun.

27. Mondphase: Die in dieser Mondphase empfangenen Kinder würden nach Hildegards Worten zumindest „lange genug" leben.
Ein Mann werde zwar ängstlich und vergeßlich sein, aber er sei anständig und werde von seinen Mitmenschen geschätzt.
Nicht selten werde er von schweren Krankheiten, z. B. Depressionen, heimgesucht.
Eine Frau sei tugendhaft und ebenfalls beliebt. Körperlich sei sie eher schwach.

28. Mondphase: Auch die in dieser Mondphase empfangenen Menschen hätten eine relativ gute Lebenserwartung. Allerdings hätten sie es wegen ihrer Charaktereigenschaften nicht ganz leicht:
Ein Mann werde „in seinen Gedanken, in seinem Charakter und in seinem Verhalten verdreht sein und so handeln, als ob er närrisch sei. Seine Einsicht und sein Wissen reicht aber für ihn aus".
Gesundheitlich könnten vor allem Gemütskrankheiten auftreten.
Eine Frau werde möglicherweise dumm und töricht und von unleidlichem Wesen, also auch recht unbeliebt sein.
Sie neige zu fieberhaften Erkrankungen.

29. Mondphase: Ein sehr langes Leben sagt Hildegard von Bingen den Menschen, die in dieser Mondphase empfangen wurden, nicht voraus, aber offensichtlich ein recht abwechslungsreiches.
Ein solcher Mann sei neugierig und habe „einen verschrobenen Charakter und ein ebensolches Benehmen. Er liebt neue Mo-

den in der Kleidung und in den Landessitten sowie neue, unzuverlässige Leute".
Durch giftige Säfte in seinem Körper könne er leicht erkranken.
Frauen seien bequem und eitel, zögen aber durch ihr Verhalten die Männer an. Sie würden zu Magenkrankheiten neigen.

Neumond
30. Mondphase: Den Männern, die in dieser Mondphase empfangen werden, beschere das Schicksal nicht allzuviel Glück: Sie würden arm sein oder – falls sie adlig sind – immer weiter herunterkommen.
Auch Frauen seien eher arm.
Gesundheitlich gehe es ihnen allerdings nicht so schlecht, und sie würden auch „lange genug" leben.

Wichtige Hinweise zum Mondkalender:
- Die Prognosen, die Hildegard für die Zukunft der in bestimmten Mondphasen empfangenen Kinder gibt, sind in vielen Fällen recht düster. Dies bedeutet aber durchaus nicht, daß sie auch eintreffen müssen. Sie deutet damit lediglich Möglichkeiten an, die in Charakteranlage und Konstitution des Kindes begründet sein können und die bei dessen Erziehung berücksichtigt werden sollten.
- Der Mond ist einer der Einflüsse, die im astrologischen Zusammenhang auf den Menschen einwirken können. Planeten und Sternzeichen spielen dabei ebenfalls eine Rolle. Auch diese zeigen Möglichkeiten auf, die zu einer besseren Selbsterkenntnis und damit zu einer eigenständigen Arbeit am eigenen Ich führen können.
- Dies bestätigt ein Ausspruch des römischen Philosophen Seneca (ca. 4 v. Chr. – 65 n. Chr.), der meinte, daß ein Weiser seine Sterne lenke und sich nicht von ihnen lenken lasse.

Der Einfluß der Sonne

OBWOHL die Sonne für die Entwicklung des Lebens auf der Erde erst die Voraussetzungen schafft, schreibt Hildegard von Bingen sehr wenig über sie. Dabei betont sie allerdings in *Causae et Curae* ihre große Bedeutung, indem sie im Kapitel „Die Sonne und die Sterne" schreibt:

„Die Sonne ist unter ihnen so gut wie das Höchste und sendet über dies alles ihr Licht und ihre Feuersglut."

An anderer Stelle heißt es dann:

„Die Sterne werden vom überaus hellen Glanz der Sonne, die den Tag bringt, verdeckt, so daß man sie am Tag nicht sehen kann, weil der Glanz der Sonne stärker ist als der Glanz der Sterne. Es ist so, wie wenn das gewöhnliche Volk verstummt, wenn die Fürsten namhaft gemacht werden, und das gewöhnliche Volk hervortritt, wenn die Fürsten sich entfernen. Andernfalls würde man die Sterne ebenso am Tag wie in der Nacht sehen."

In ihrer *Physica* geht sie allerdings sehr ausführlich darauf ein, welche Bedeutung die Sonne für die Entstehung der einzelnen Edelsteine hat. Näheres dazu erfahren Sie in der *Edelsteintherapie*.

Natürlich hat die Sonne auch eine große Bedeutung für unseren Biorhythmus. Darüber wurde bereits im Kapitel „Die Rhythmen des Lebens" berichtet. Unser Solarplexus heißt nicht ohne Grund das „Sonnengeflecht". Von hier gehen die Nerven des inneren Bauchraumes aus. Es gleicht einer Sonne, die nach allen Seiten hin ausstrahlt. Zahlreiche Meditationstechniken aktivieren diesen Bereich, um eine Wärmeausstrahlung zu den anderen Organen zu erzielen – so das autogene Training. Auch im Yoga spielt das Sonnengeflecht eine wichtige Rolle, hier wird auch der geistige und der seelische Bereich mit einbezogen.

Möglicherweise haben die immer wieder auftretenden Sonnenflecken eine Bedeutung für das menschliche Leben. Bei diesen Flecken handelt es sich um die auffälligsten Merkmale von Sonnenaktivitäten, die in einem elfjährigen Zyklus auftreten und Orte starker Magnetfelder sind. Sie können riesige Ausmaße annehmen – bis zu mehreren Milliarden Quadratakilometer.

In neueren Untersuchungen wurde für die vergangenen 130 Jahre ein statistisch nachweisbarer Zusammenhang zwischen der Länge der Sonnenflecken-Zyklen und den Abweichungen von der Durchschnittstemperatur auf der Erde festgestellt. Danach fallen kürzere Zyklen mit einer Temperaturzunahme zusammen, längere dagegen mit einer Temperaturabnahme. Ernstzunehmende Forscher haben aufgrund statistischer Ermittlungen auch eine Zunahme von Naturkatastrophen und kriegerischen Auseinandersetzungen während starker Sonnenfleckenaktivitäten feststellen können. Es ist interessant, daß auch Hildegard von Bingen diese Beobachtung macht:

„Wenn sich an der Sonne eine Verdunklung oder eine ungewöhnliche Veränderung der Farbe zeigt, dann ist das eine Ankündigung bedeutender künftiger Ereignisse auf der Welt." (*Causae et Curae*)

Der Einfluß der Planeten

DIE PLANETEN spielen für astrologische Berechnungen eine wichtige Rolle. Obwohl Sonne und Mond keine wirklichen Planeten sind, werden sie doch in der Praxis als solche bezeichnet, weil ihre Wirkung auf das Horoskop eines Menschen die gleiche ist. Dagegen rechnet die Astrologie die Erde nicht zu den Planeten. Der Grund ist, daß die Astrologie notwendigerweise – weil sie nämlich für uns Erdbewohner zuständig ist – am geozentrischen Weltbild festhält, also die Erde in den Mittelpunkt stellt, „um die sich alles dreht". Das bedeutet natürlich nicht, daß die astrologische Wissenschaft das heliozentrische Weltbild, in dem die Sonne der Mittelpunkt unseres Weltalls ist, leugnet.

Planeten, auch Wandelsterne genannt, leuchten nicht aus sich selbst heraus, sondern werden von dem Zentralstern, um den herum sie sich bewegen – in unserem Fall die Sonne – beleuchtet. Im Sonnensystem gibt es – nach zunehmender Entfernung von der Sonne geordnet – folgende neun Planeten: Merkur, Venus, Erde, Mars, Jupiter, Saturn, Uranus, Neptun und Pluto. Von diesen konnte Hildegard von Bingen – neben der Erde, die sie natürlich nicht als einen Planeten betrachtet – nur fünf kennen, denn Uranus, Neptun und Pluto sind mit bloßem Auge nicht sichtbar und wurden erst sehr viel später entdeckt. Allerdings rechnet Hildegard von Bingen – ganz im Einklang mit dem damaligen geozentrischen Weltbild – auch Sonne und Mond zu den Planeten.

In *Causae et Curae* schreibt Hildegard von Bingen, daß die „gewöhnlichen" Sterne durch die Taten der Menschen geradezu zu inneren Stürmen entfesselt werden können. Das gilt jedoch nicht für die Planeten, meint sie, und fährt fort:

„Die Planeten werden im Unterschied dazu nie in eine solche Bewegung versetzt, außer wenn sie entsprechend von der Sonne und vom Mond beeinflußt werden und jene größeren Sternbilder es so bestimmen."

Man möchte bei dieser Aussage fast die Interpretation wagen, daß sie den Einfluß der Planeten für größer hält als den der Sternbilder – in der Astrologie sagt man ja auch, daß ein Planet ein Tierkreiszeichen „regiert".

Vor allem ist Hildegard der Meinung, daß die Planeten besondere Begebenheiten andeuten, wenn sie sich z.B. in ihrem Aussehen, in ihrem Stand zur Erde, vor allem aber in ihrer Konstellation zueinander verändern. Sie schreibt:

„Wenn die Planeten etwas andeuten, dann ist es etwas Bedeutendes und betrifft eine öffentliche Angelegenheit."
(*Causae et Curae*)

Wohl alle alten Kulturvölker gaben den Planeten Götternamen und ordneten ihnen dadurch ganz bestimmte, charakteristische Eigenschaften zu. Diese Namen wurden durchaus nicht zufällig gewählt, sie zeugen vielmehr von einem tiefen Einblick in die Natur des jeweiligen Himmelskörpers, dessen Eigenheiten viele Übereinstimmungen mit den Charakteristiken der namengebenden Gottheit zeigen. Jeder Planet verkörpert ein anderes Prinzip – so ist auch die Wirkung, die von ihm ausgeht und den Menschen betrifft, jeweils eine andere. Jeder Planet wirkt stets in dem Tierkreiszeichen am stärksten, in dem er „Regent" ist, dem er zugeordnet ist, und kann dort seine Eigenart voll entfalten.

Um die rhythmischen Zusammenhänge, auf die am Anfang dieses Bandes ausführlich eingegangen wurde, zu unterstreichen, werden die Planeten im folgenden nicht in der Abfolge ihrer Entfernung zur Sonne behandelt, sondern in der Reihenfolge der Wochentage, die nach ihnen benannt wurden. Das wird es dem Leser erleichtern, einen persönlicheren Bezug zu den vielfältigen Zusammenhängen zu finden, die etwa zwischen Planeten, Getreiden, Metallen usw. bestehen, und diese Erkenntnisse in sein Leben einfließen zu lassen.

Metalle, Getreide und Farben

Metalle

Jedem Planeten – also jedem kosmischen Lebensprinzip – ist auch ein bestimmtes Metall zugeordnet. Wenn sich die Bedingungen im kosmischen Lebensplan eines Menschen in völliger Harmonie befinden, ist der Mensch an Körper, Geist und Seele ganz gesund. Dies ist allerdings fast nie der Fall, da gewisse Spannungen vorhanden sind, die gesundheitliche, emotionale oder von außen einwirkende Gründe haben können.

Je größer die Spannungen (Disharmonien) im Geburtshoroskop eines Menschen sind, desto eher muß der oder die Betreffende mit körperlichen oder seelischen Störungen rechnen. Wenn im Geburtshoroskop also eine bestimmte kosmische Kraft, ausgehend von einem Planeten, sehr ungünstig erscheint und gewissermaßen geschwächt ist, kann man die fehlende Kraft ausgleichen oder kompensieren, indem man zu einem gerade diese Kraft enthaltenden Metall greift. So lassen sich z. B. die Willenskräfte durch Eisen stärken, läßt sich ein phlegmatisches Temperament durch Quecksilber auflockern usw.

Die „kompensierenden" Metalle kann man in verschiedener Art und Weise anwenden, beispielsweise indem man sie in Form von Schmuckgegenständen am Körper trägt. Man kann Metalle aber auch innerlich zu sich nehmen. Viele homöopathische Präparate enthalten kompensierende Metalle in hoher Verdünnung. In unserer täglichen Nahrung sind viele Metallverbindungen – etwa als Salze – enthalten. Dafür einige Beispiele:

- Besonders viel Eisen ist enthalten in Äpfeln, Birnen, Pflaumen, Trauben, Erdbeeren, Johannisbeeren, Kirschen, Feigen, Karotten, Radieschen, Zwiebeln, Brennesseln, Löwenzahn.
- Besonders viel Kupfer ist enthalten in Äpfeln, Tomaten, Aprikosen, Kopfsalat, Hafer, Mais.

Die Deckung des Silberbedarfs – besonders bei Kindern, für die dieses Metall zur Entwicklung sehr wichtig ist – erreicht man dadurch, daß man sie mit Silberbestecken essen läßt oder ihnen ihre Getränke in einem Silberbecher gibt. (Deshalb waren solche Gegenstände früher auch immer beliebte Taufgeschenke.) Das Tragen einer kleinen Silberscheibe an einer Schnur oder Kette wirkt sich ebenfalls positiv aus.

Getreide
Den einzelnen Planeten sind bestimmte Getreide zugeordnet, in denen sich die Wesens- und Wirkprinzipien der Gestirne widerspiegeln. So gibt es auch für jeden Wochentag ein „passendes" Getreide, mit dem man die Eigenart dieses Tages unterstreichen und dadurch das rhythmische Erleben des Wochenablaufs vertiefen kann. Die moderne Vollwertküche liefert für alle diese Getreidesorten köstliche Rezepte. Die vielen Kochbücher, die zu diesem Thema erschienen sind, belegen das wachsende Interesse an dieser Ernährungsform. Rezepte finden Sie auch in den Bänden *Ernährungslehre* und *Küche aus der Natur.*

Farben
Die Farben weisen gleichfalls tiefe Beziehungen zu den Planeten auf. In früheren Jahrtausenden war das Wissen darum noch eine Selbstverständlichkeit und durchdrang die täglichen Verrichtungen bis hin zu den großartigen Leistungen der jeweiligen Architektur. So beschreibt noch der griechische Geschichtsschreiber Herodot (ca. 490–430 v. Chr.) die sieben hintereinander angelegten Ringwälle des 605 v. Chr. gegründeten

Ekbatana (Hauptstadt des ehemaligen Mederreiches). Diese Ringwälle waren den Planeten geweiht und trugen ihre Namen wie auch ihre Farben, nämlich Weiß, Schwarz, Purpur, Blau, Sandarach (Gelbrot), Silber, Gold. Siebenfarbig soll auch das im selben Jahr zerstörte Ninive (Hauptstadt des Assyrerreiches) gewesen sein.

Der Tempelturm von Borsippa, einer alten babylonischen Stadt, der „Tempel der sieben Sphären des Himmels und der Erde" hieß, besaß die selbst heute noch feststellbare Farbenfolge: Schwarz–Hellrot–Purpur–Gold–Weiß–Blau–Silber. Saturn stünde demnach die schwarze Farbe zu, der Sonne die goldene, dem Mond die silberne, Jupiter Hellrot, Mars Purpur, Venus Weiß und Merkur Blau. Auch der Jahrhunderte später entstandene Palast des Sassanidenherrschers Bahram Gor (5. Jahrhundert n. Chr.) weist diese Farbenfolge auf. Wir finden die gleiche Ordnung sogar noch in zeitgenössischen Beschreibungen persischer Bauwerke aus dem 11.–13. Jahrhundert. Nur ist hier die Silberfarbe durch Grün ersetzt, da man dem Mond auch Kristall und Glas zuordnete, das ursprünglich als Rohglas stets grün war.

Die sieben Wochentage

Die Sieben-Tage-Woche ist durchaus keine Erfindung unserer Zeit, sondern entstammt ebenfalls früheren Jahrtausenden. Als der vierte Teil des 28 Tage umfassenden Mondmonats ist sie nicht willkürlich eingeteilt, sondern eingebettet in die großen kosmischen Zusammenhänge. Die Bibel berichtet darüber in der Schöpfungsgeschichte im 1. Buch Mose, 1 und 2:
Am ersten Tag schuf Gott das Licht – „da ward aus Morgen und Abend der erste Tag".
Am zweiten Tag schied Gott das Wasser vom Himmel.
Am dritten Tag wurde die Erde in trockene und nasse Bereiche getrennt: „Und Gott nannte das Trockene Erde, und die Samm-

lung der Wasser nannte er Meer." Auch die Pflanzen wurden an diesem Tag erschaffen.
Am vierten Tag schuf Gott die Gestirne.
Am fünften Tag wurden die Tiere des Wassers und der Luft erschaffen.
Am sechsten Tag kamen die übrigen Tiere dazu, außerdem die Menschen: Adam und Eva.
Der siebte Tag war der Ruhetag Gottes: „Und Gott segnete den siebenten Tag und heiligte ihn, darum daß er an demselben geruht hatte."

Die Namen der einzelnen Wochentage sind nicht willkürlich gewählt, wie man feststellen kann, wenn man die ihnen zugeordneten Planeten näher betrachtet. So kreisen Mond, Merkur und Venus – von der Erde aus gesehen – innerhalb der Sonnenbahn, Mars, Jupiter und Saturn außerhalb derselben. Der Begründer der Anthroposophie, Rudolf Steiner (1861–1925), nennt Mond, Merkur und Venus die „schicksalbestimmenden", Mars, Jupiter und Saturn die „schicksalbefreienden" Planeten. In bezug auf die Wochentage bedeutet dies, daß auf je einen Tag mit einer Eigenschaft des menschlich Naheliegenden je ein anderer mit einer Eigenschaft der Weite folgt – eine Vorstellung, die Hildegard von Bingen sicherlich gefallen hätte, denn so wird auch im Wochenrhythmus „das rechte Maß", die von ihr so hoch geschätzte *discretio*, gewahrt. Der Sonne, bzw. dem Sonntag, kommt die Mitte zu zwischen schicksalbestimmenden und schicksalbefreienden Kräften.

MONTAG

Aus der deutschen Bezeichnung ist noch zu erkennen, daß dieser Tag dem Mond zugeordnet ist. Dasselbe stellen wir in der französischen (*lundi – la lune,* der Mond) und englischen (*monday – the moon,* der Mond) Sprache fest.
Der Mond gehört zu den schicksalbestimmenden Planeten – eine Tatsache, die Hildegard besonders stark unterstreicht, indem

sie dem Mond in ihrem Werk einen so breiten Raum widmet. Er fordert uns also auf, gleich zu Beginn der neuen Woche tätig das Naheliegende zu ergreifen und zu gestalten. Wie der Mond das Sonnenlicht reflektiert, soll der Montag aber noch etwas vom Glanz des Sonntags widerspiegeln.
Der Montag ist der Tag der unter dem Sternzeichen Krebs geborenen Menschen.

Silber

Silber ist dem Mond zugeordnet, denn es repräsentiert die Reaktions- und Reflexionsmöglichkeiten des Menschen. Bei der Herstellung eines Spiegels wird die Rückseite der Glasscheibe mit einer dünnen Silberschicht versehen und kann so erst unser Bild reflektieren. Auch der Mond ist ein Reflektor, der das Licht der Sonne auffängt und widerspiegelt.

Überträgt man diesen Begriff der „Widerspiegelung" auf die seelischen Möglichkeiten des Menschen, stößt man auf den analogen Begriff der „Reaktion". Da unser Reaktionsvermögen eng mit dem Gefühlsleben verknüpft ist, beherrscht der Mond alle menschlichen Prozesse, die sich auf Emotionen und Empfindungen beziehen.

So lebt vor allem das Kind ganz und gar in „Mondprozessen". Die gesamte Umwelt ist ihm neu, und es muß erst lernen, auf alles, was ihm erstmals begegnet, zu reagieren. Während der ersten sieben Jahre lernt ein Kind vor allem durch die Nachahmung, ist also ein Spiegel seiner Umwelt. Um diese Kräfte zu unterstützen, schenkte man früher den Kindern zur Taufe einen silbernen Löffel – ein Brauch, der eine sehr tiefe Bedeutung hat.

Die körperliche Entsprechung des Mondes ist der Magen. Er ist im Verdauungstrakt das erste Organ, das stoffliche Eindrücke (Nahrung) zu verarbeiten, also auf sie zu reagieren hat.

Für Menschen, die Probleme bei der Verarbeitung seelischer oder körperlicher Eindrücke haben, ist Silber das kompensierende Metall. Sie können es in Form von Schmuckgegenständen am Körper tragen, sie können mit Silberbestecken essen oder auch – nach Rücksprache mit dem Arzt – es in Form von homöopathischen *Argentum*-Präparaten zu sich nehmen.

Hildegard von Bingen empfiehlt das Silber vor allem solchen Menschen, die unter einem Säfteüberschuß leiden:
„Die Kälte des Silbers ist seiner Natur nach stark und vermindert die warmen, kalten und feuchten Säfte durch seine Schärfe mit Hilfe der Hitze des Feuers." (*Physica*)
Weitere Angaben über das Silber finden Sie im Band *Edelsteintherapie*.

Reis
Auch Reis ist dem Mond und damit dem Montag zugeordnet. Seine Beziehung zum Mond kommt darin zum Ausdruck, daß er das wasserliebendste aller Getreide ist und daß seine wichtigsten Inhaltsstoffe sich in dem das Reiskorn umhüllenden Silberhäutchen befinden.

Der Reis ist eine alte Kulturpflanze Asiens. Saat, Pflanzung und Ernte wurden nach bestimmten Ritualen vollzogen. Reis zu essen ist noch heute ein Kult: Es erfolgt oft zeremoniell und vor allem in Ruhe und Gelassenheit – für uns hektische Europäer kaum vorstellbar. So gilt Reis als das Getreide des Phlegmatikers, weil die ihm innewohnende Ruhe und das Gleichmaß der strömenden Flüssigkeit weiterwirkt.

Zur Entwicklung des westlichen Bewußtseins vermittelt der Reis allerdings nicht die organische Grundlage, wie dies unsere heimischen Getreidearten tun. (Das mag der Grund sein, warum Hildegard ihn in ihrer *Physica* nicht erwähnt – vielleicht kannte sie Reis aber auch noch nicht, denn er kam erst im 8. Jahrhundert durch die Araber nach West-Europa.) Andererseits entbehrt unsere unruhige westliche Zivilisation einer kontemplativen Grundhaltung. So hat Reis als Vertreter östlicher Sinnesart auf unserem Tisch seinen berechtigten Platz.

Farben
Dem Mond zugeordnet wird in erster Linie die Farbe Silber, aber auch das Grün, denn dieses symbolisiert Hoffnung, Leben und Wiedergeburt.

DIENSTAG

Der Dienstag ist dem Planeten Mars zugeordnet. In der französischen Sprache ist dies noch erkennbar: *Mardi* ist vom lateinischen *Martis dies* (Tag des Mars) abgeleitet. Mars, der Gott des Krieges, symbolisiert durchaus nicht nur Zerstörung und Gewalt, sondern steht auch für Kampfgeist und Ritterlichkeit. So kämpft der Mensch nicht nur um materielle Dinge, sondern auch um Erkenntnis und die Entfaltung höherer Seeleneigenschaften. Deshalb gehört Mars zu den schicksalerweiternden Planeten, und sein Tag – der Dienstag – ist eine Aufforderung an uns, mutig und kraftvoll neue Gebiete zu erobern.
Dienstag ist der Tag der unter den Sternzeichen Widder und Skorpion geborenen Menschen.

Eisen
Das Eisen ist Mars zugeordnet – es repräsentiert die menschlichen Willenskräfte. Wirklich große Unternehmungen sind ohne Tatkraft und Energie gar nicht denkbar. Alle Anwendungsarten des Eisens im Alltag – ob es sich nun um Werkzeuge, Maschinen, um Stahlgerüste usw. handelt – sind gekennzeichnet durch das eine Wort: Kraft. Dementsprechend ist die Bedeutung des Eisens für unseren Körper. Unser wichtigster Eisenspeicher ist die Leber, in der man sich den Sitz des Willens zu denken hat.

Eisen hat eine energieübermittelnde Funktion, da es den in den Lungen aufgenommenen Sauerstoff mit Hilfe des Blutes z. B. den Muskeln zuführt. Durch Eisenmangel kommt es zu Blutarmut und infolgedessen zu einer Erlahmung der Tatkraft.

Kompensierendes Eisen kann man in Form einer Metallscheibe an einer Kette oder Schnur am Körper tragen, und man kann es sich auch – nach Rücksprache mit dem Arzt – in homöopathischen *Ferrum*-Präparaten zuführen. Sehr gut wirkt auch eine eisenreiche Ernährung. Dazu erfahren Sie Näheres in den Bänden *Ernährungslehre* und *Küche aus der Natur*.

Auch Hildegard von Bingen hält das Eisen, das seiner Natur nach warm ist, für „stark" und damit auch für stärkend. Weitere Angaben zum Eisen finden Sie im Band *Edelsteintherapie*.

Gerste
Die Gerste ist ebenfalls Mars und damit dem Dienstag zugeordnet. Neben Weizen ist sie das älteste Getreide der Welt. Während der Blüte ihrer Kultur ernährten sich die Griechen vorwiegend von Gerste. Demeter, die griechische Göttin des Getreides und Ackerbaus, erhielt als Opfergabe einen Absud von Gerste. Der griechische Philosoph Platon (427–348 v. Chr.) forderte von den Bürgern seines „Idealen Staates", daß als Grundnahrungsmittel Brei von Gerste und Brot von Gerste und Weizen zu gelten hätten. Der griechische Arzt Hippokrates (460–370 v. Chr.) und seine Schule gaben der Gerste den ersten Platz unter den Getreiden.

Die Gerste galt als ideales Nahrungsmittel für Gladiatoren und Philosophen – also für körperlich und geistig geforderte Menschen. Sie können selbst feststellen, daß der Verzehr von Gerste die Leistungsfähigkeit verbessert und langandauerndes Arbeiten erleichtert.

Hildegard von Bingen empfiehlt Gerste vor allem zur Stärkung von kranken Menschen – z. B. als Bad oder als Gerstenabkochung. Nähere Angaben dazu finden Sie in der *Gesundheitsfibel*.

Farbe: Mars ist vor allem das Rot zugeordnet. Es symbolisiert Blut, Leidenschaft und Feuer – auch das Feuer der Liebe.

MITTWOCH

Der Mittwoch ist dem Planeten Merkur zugeordnet. In der französischen Sprache ist dies noch erkennbar: *Mercredi* ist vom lateinischen *Mercurii dies* (Tag des Merkur) abgeleitet. Merkur, der Gott des Handels und der Kaufleute (allerdings auch der Diebe), fordert zum praktischen Denken und Tun auf. Als Götterbote will er uns dazu aufrufen, göttliche Weisheit nicht als „Sonntagsglauben" zu praktizieren, sondern unser tägliches Handeln damit zu durchdringen. Die Verbindung von oben und unten, das gegenseitige Durchdringen von Geist und Materie sind Faktoren, die schicksalformend wirken.
Mittwoch ist der Tag der unter den Sternzeichen Zwillinge und Jungfrau geborenen Menschen.

Quecksilber
Das Quecksilber ist dem Merkur zugeordnet (die lateinische Bezeichnung für dieses Metall ist *Mercurius).* Es repräsentiert alle Kräfte, die im Begriff „Überbringung" zum Ausdruck kommen – etwa in der Atmung, im Nervensystem, im Blutkreislauf. Die analoge Ausformung des Merkursystems im Menschen ist das Denken.

Wenn man die Entwicklung der Menschheit bis hin zur modernen Naturwissenschaft betrachtet, drängt sich eine einleuchtende Analogie aus der Welt der Metalle auf: Bei der Betrachtung des Goldes (siehe weiter unten) stellen wir fest, daß das Herz eine Äußerungsform des Sonnenprozesses ist. Unser Denken nun ist eine Äußerungsform des Merkurprozesses. Gold ist ein unangreifbares Metall – aber bei der Berührung mit Quecksilber löst es sich auf! Möglicherweise läßt sich daraus der Analogieschluß ziehen, daß wir mit unserem derzeitigen Denken unser Herz ruinieren – im körperlichen wie im übertragenen Sinne.

Die Verwendung von Quecksilber gehört unbedingt in die Hand eines erfahrenen homöopathischen Arztes. Von Selbsttherapien ist abzuraten.

Hildegard von Bingen erwähnt Quecksilber in ihren Werken nicht – möglicherweise war es ihr unbekannt. Allerdings verwendete man es schon im alten Rom, und die Alchimisten versuchten, mit seiner Hilfe Gold zu machen.

Hirse
Die Hirse ist Merkur und damit dem Mittwoch zugeordnet. *Die* Hirse gibt es eigentlich gar nicht, denn man unterscheidet einige hundert Formen und Arten. So variationsreich sie uns in ihren Erscheinungsformen entgegentritt, so zeigt sie sich auch in ihrer Wirkung: Sie macht regsam und beweglich. Wie der Volksglaube überliefert, bekam deshalb die Braut zur Hochzeit Hirse in die Schuhe gestreut, damit sie fleißig und arbeitsam würde.

Alle diese Eigenschaften deuten darauf hin, daß Hirse dem sanguinischen Temperament gerecht wird: beweglich, schnell, veränderlich, wärmeliebend und ideenreich. So ist sie das traditionelle Getreide der Afrikaner, die sie als Brei, Fladen und auch als Hirsebier zubereiten. Die afrikanischen Völker haben viel Sanguinisches – man denke nur an ihre Musikalität, wärmespendende Gastlichkeit und Bewegungsfreudigkeit.

Hildegard von Bingen erwähnt Hirse nicht, obwohl es zu ihrer Zeit ausgedehnte Hirsefelder gab, die die damals übliche Breinahrung bereicherten.

Farbe: Merkur ist das Blau zugeordnet. Es symbolisiert Vernunft und Ordnung sowie Treue, aber auch die Beweglichkeit von Wasser und Meer.

DONNERSTAG

Der Donnerstag ist dem Planeten Jupiter zugeordnet. Die deutsche Bezeichnung läßt noch den Anklang an den germanischen Gott Donar erkennen. Etwas deutlicher erkennbar ist die Zuordnung in der französischen Sprache: *Jeudi* ist vom lateinischen *Jovis dies* (Tag des Jupiter) abgeleitet. Jupiter war der höchste der antiken Götter. Der nach ihm benannte Planet gehört zu den schicksalerweiternden Planeten. Seine Aufforderung an uns ist: über unser Alltags-Ich hinauszuwachsen, menschliche Größe und Würde zu entwickeln, Herrscher zu werden – über uns selbst.
Donnerstag ist der Tag der unter den Sternzeichen Schütze und Fische geborenen Menschen.

Zinn

Das Zinn ist Jupiter zugeordnet. Alle ihm verwandten Wesenszüge lassen sich in dem Wort „Glaube" zusammenfassen. Ein harmonischer Jupiter-Aspekt verleiht dem Menschen die Anlage zu guter Gesundheit und ein starkes Regenerationsvermögen.

Der Brauch, einer jungvermählten Frau einen „Brautlöffel" aus Zinn zu schenken, bringt zum Ausdruck, daß man dem jungen Paar gute körperliche und geistige Gesundheit wünscht. In früheren Zeiten aß man von Zinntellern und trank aus Zinnbechern.

In diesem Zusammenhang sollte man sich klarmachen, daß Jupiter auch den Geschmackssinn beherrscht. Es ist eine interessante Tatsache, daß sich der größte Teil des in unserem Körper vorhandenen Zinns ausgerechnet in unserer Zungenspitze befindet. Beim Zinngeschirr sorgt das Zinn dafür, daß der Geschmack der Speisen nicht beeinträchtigt wird.

Zinn wirkt sich regenerierend auf die Gesamtkonstitution des Menschen aus. Es ist besonders angebracht bei solchen Menschen, die Gefahr laufen, mutlos zu werden. Die Verwendung von Zinngeschirr und – nach Rücksprache mit dem Arzt – die Einnahme homöopathischer *Stannum*-Präparate sind Möglichkeiten, Zinnmangel zu kompensieren.

Hildegard von Bingen allerdings lehnt Zinn wegen der ihm innewohnenden Kälte ab und rät davon ab, Zinngeschirr zu verwenden. Nähere Angaben dazu finden Sie in der *Edelsteintherapie*.

Roggen
Der Roggen ist Jupiter und damit dem Donnerstag zugeordnet. Seine Heimat ist Osteuropa. Neben dem Weizen ist er das wichtigste Brotgetreide. Der Roggen ist sehr mineralstoffreich und vermittelt eine gewisse Schwere, die es erforderlich macht, ihn gut „aufzuschließen", damit es nicht zu Verdauungsschwierigkeiten kommt. Deshalb benötigt man für Roggenbrot Säuren, die erst die Mineralien lösen und das eigentliche Aroma hervorlocken können. Auch der Roggenbrei wurde früher lange eingeweicht, gekocht und nachgequollen, so daß er ganz süß schmeckte.

Auf diese Art behandelt, beschert der Roggen eine Fülle von Aromen wie kein anderes Getreide. Dieser Reichtum zeigt sich zudem in der Wirksamkeit des Roggens: Der Körper wird mit wichtigen Wirkstoffen versorgt, und kaum eine andere Speise vermittelt dem hungrigen Menschen eine solche „Gemütlichkeit" wie beispielsweise ein kerniges Sauerteigbrot.

Der Roggen vermittelt Kräfte, die ungeheuer reich und vielfältig an geistiger und körperlicher Stärke sind. Das russische Volk, das teilweise unter harten Umweltbedingungen existieren mußte (und muß), ernährte sich fast ausschließlich von Roggen: in Form von Brei, Brot und dem erfrischenden Nationalgetränk Kwaß, das aus vergorenem Roggenbrot und Früchten hergestellt wird.

Farbe
Jupiter wird das Purpurrot zugeordnet. Es symbolisiert das magische Bewußtsein des All-eins-Werdens und steht für alles Göttliche und Königliche.

FREITAG

Der Freitag ist dem Planeten Venus zugeordnet. Die deutsche Bezeichnung läßt noch den Anklang an die germanische Göttin Freya erkennen. Noch deutlicher erkennbar ist die Zuordnung in der französischen Sprache: *Vendredi* ist vom lateinischen *Veneris dies* (Tag der Venus) abgeleitet. Venus war die antike Göttin der Schönheit und der Liebe. Ihre Aufforderung an uns ist es, Liebe zur Schönheit in jeder Form in uns zu entwickeln. Denn was wirklich schön ist – nicht nur scheinbar und oberflächlich –, das ist auch gut. Indem wir unseren Blick für das Schöne schulen, lernen wir auch das Gute erkennen. Venus gehört zu den schicksalbestimmenden Planeten, deren Anliegen es ist, zu einer tätigen Gestaltung der Welt und des Lebens zu ermutigen.
Freitag ist der Tag der unter den Sternzeichen Stier und Waage geborenen Menschen.

Kupfer
Das Kupfer ist Venus zugeordnet, die alle jene Lebensprozesse repräsentiert, die man unter dem Begriff „Bindung" zusammenfassen könnte. So wird im täglichen Leben das Kupfer vor allem dann verwendet, wenn eine Verbindung hergestellt werden soll – man denke nur an das weltweite Telefonnetz.

Die körperliche Entsprechung dazu ist die Haut, die eine Verbindung – nämlich zwischen Innenwelt und Außenwelt – herstellt. Im Fall einer kranken und empfindlichen Haut kann man meistens feststellen, daß der betreffende Mensch unfähig ist (oder zumindest Probleme hat), Bindungen einzugehen. Auch Verkrampfungen – besonders in Form von Krampfadern – können Folge solcher Probleme sein.

Da man Kupfer als Regulator der menschlichen Kontaktfähigkeit bezeichnen kann, ist hier ein Weg zur Harmonisierung der genannten Probleme aufgezeigt. Die einfachste Möglichkeit ist wohl das Tragen von Kupferschmuck. Darüber hinaus ist es ratsam, kupferreiche Kost zu bevorzugen (dazu finden Sie nähere Angaben im Band *Ernährungslehre*). Nach Rücksprache mit dem Arzt kann man auch zu homöopathischen *Cuprum*-Präparaten greifen.

Hildegard von Bingen empfiehlt Kupfer vor allem gegen Fieber und Gicht. Entsprechende Rezepte finden Sie im Band

Gesundheitsfibel, weitere Angaben über Kupfer in der *Edelsteintherapie*.

Hafer

Der Hafer ist Venus und damit dem Freitag zugeordnet. In ihm begegnen wir dem Getreide der nördlichen Breiten und des Seeklimas. Den englischen „porridge", die berühmte Hafergrütze, kennt man in der ganzen Welt.

Hafer ist das Getreide, das wohl am besten nährt. So gilt der Haferschleim als ideale Aufbaunahrung für Schwerkranke, Unterernährte und Rekonvaleszenten. Hafer vermittelt körperliche Kraft. Diese Tatsache bestätigen viele Ausdauersportler wie Ruderer, Langstreckenläufer und Bergsteiger.

Hafer wirkt anregend auf alle Lebensprozesse, steigert die Leistungsbereitschaft und die Konzentration. Dieser Impuls geht bis zum „Feurigmachen", wie die Pferdebesitzer wissen, die ihren Pferden vor wichtigen Rennen eine Extraportion Hafer geben. Auch beim Menschen stärkt der Hafer das cholerische Temperament. Ein cholerisches Kind wird durch tägliches Haferflockenmüsli schwerer zu bändigen sein, der Erwachsene wird Mühe haben, nach einem solchen Frühstück sein Temperament zu zügeln. Die germanischen Völker Nordeuropas, die sich vorwiegend von Hafer ernährten und von den Römern deswegen geringschätzig als „Haferesser" bezeichnet wurden, waren ihrem Volkstemperament nach Choleriker.

Hildegard von Bingen schreibt in ihrer *Physica*, daß der Hafer eine „gesunde und beglückende Speise" sei. Nähere Angaben zum Hafer finden Sie in den Bänden *Ernährungslehre*, *Küche aus der Natur* und *Pflanzen- und Kräuterkunde*.

Farben: Dem Planeten Venus ist das Grün zugeordnet. Es symbolisiert Bewahrung, Sicherheit, Leben, auch die Hoffnung und die Wiedergeburt. Auch das Weiß ordnet man Venus zu. Weiß steht für Läuterung, Verklärung und für alles Unirdische.

SAMSTAG

Der Samstag ist dem Planeten Saturn zugeordnet. In der englischen Sprache ist dies noch erkennbar: *Saturday* ist vom lateinischen *Saturni dies* (Tag des Saturn) abgeleitet. Samstag ist im heutigen Leben durch den „Wochenend-Charakter" geprägt: Viele Menschen suchen Zerstreuung, um auch innerlich vom Arbeitsalltag der vorangegangenen Woche loszukommen. Saturn gehört zu den schicksalerweiternden Planeten, fordert also geradezu zu einer gewissen Streuung und Ausdehnung der Interessen und Aktivitäten auf. Aber diese sollen den Menschen nicht zersplittern, sondern ihn in die Tiefe und Weite des Lebens tragen. Eine Rückschau auf die Ereignisse und Taten der vergangenen Woche kann dazu beitragen, bei aller Zerstreuung sich selbst nicht zu verlieren. Dann kann man auch gleichsam geläutert in den Sonntag gehen.

Der Samstag ist der Tag der unter den Sternzeichen Wassermann und Steinbock geborenen Menschen.

Blei

Das Blei ist Saturn zugeordnet, der für die Begrenzung und Formgebung im menschlichen Leben steht. So hat Saturn eine besondere Beziehung zum Knochengerüst, das dem Körper seine Gestalt und seine Form gibt. Alles, was den Körper verhärtet, steht unter diesem Einfluß – etwa Verkalkungen und Verstopfungen und die Steinbildung. Es besteht zudem eine Beziehung zur Schwerkraft – man sagt im Volksmund nicht umsonst, daß einem die Glieder „schwer wie Blei" seien.

In der homöopathischen Medizin werden Bleipräparate gelegentlich bei rheumatischen Erkrankungen und bei gewissen Formen der Blutarmut eingesetzt. Von einer Selbsttherapie ist abzuraten.

Hildegard von Bingen schreibt:
> „Das Blei ist kalt und würde dem Menschen schaden, wenn er es auf irgendeine Weise in seinen Körper einführen würde." (*Physica*)

Nähere Angaben über das Blei finden Sie im Band *Edelsteintherapie*.

Mais

Der Mais ist Saturn und damit dem Samstag zugeordnet. Seinem Wuchs entsprechend – man denke an die schweren Kolben! – vermittelt er dem Menschen eine gewisse Schwere, die sich aber nicht körperlich, sondern eher im geistig-seelischen Bereich ausdrückt. Die Menschen werden fester in die irdischen Zusammenhänge hineingeführt. Dies ist besonders spürbar auf dem amerikanischen Kontinent, wo Mais seine Heimat hat. So zeigen die Indianer oft die Züge des melancholischen, der Erdenschwere verhafteten Temperamentes.

Hildegard von Bingen kannte den Mais natürlich noch nicht, denn dieser kam erst nach der Entdeckung Amerikas zu uns.

Farben: Saturn ordnet man Grau und Schwarz zu. Grau symbolisiert Verdrängung und Sorge, Schwarz die Trauer und alles Zwanghafte.

SONNTAG

Dieser der Sonne zugeordnete Tag sollte als Mitte betrachtet werden – zwischen zwei Wochen, zwischen zwei Tagen, die verschiedenen Planetenprinzipien (den schicksalbestimmenden und den schicksalbefreienden) entsprechen –, also als ein Tag außerhalb der „Alltagsordnung". Sonnenhaftes sollte diesen Tag überglänzen – sei es nun der physische Sonnenschein oder „geistiges Sonnenlicht", etwa indem man sich mit Dingen beschäftigt, die sich vom Alltag abheben: mit einem Gedicht, schöner Musik usw.

Sonntag ist der Tag der unter dem Sternzeichen Löwe geborenen Menschen.

Gold

Das Gold ist der Sonne zugeordnet, es repräsentiert die Ich-Kräfte des Menschen. „Treu wie Gold", ein „goldenes Herz", „goldrichtig" – dies alles sind Redewendungen, in denen die Weisheit unserer Sprache zum Ausdruck kommt. Das Herz ist die stoffliche Analogie zur Sonne im menschlichen Körper.

Die unter einem Feuerzeichen (Widder, Löwe, Schütze) geborenen Menschen werden kaum kompensierendes Gold benötigen. Die Erd- und Luftzeichen empfinden hier ebenfalls meistens keinen Mangel. Es sind vorwiegend die Wasserzeichen (Krebs, Skorpion, Fische), bei denen das eigene Ich leicht in Gefahr gerät – etwa durch eine übermäßige Gefühlsbetontheit –, die am meisten auf den Ausgleich durch das Gold angewiesen sind. Neben dem Tragen von Goldschmuck sei diesen Menschen vor allem der Verzehr von Weizen, in dem Gold als Spurenelement enthalten ist, und – nach Rücksprache mit dem Arzt – die Einnahme homöopathischer *Aurum*-Präparate empfohlen.

Weizen

Der Weizen ist der Sonne und damit dem Sonntag zugeordnet. Weizen hat mit Roggen etwas gemeinsam: Er ist backfähig, d. h. formbar. Während aus den anderen Getreiden nur Fladen gebacken werden können, entstehen – dank seiner Formkraft – aus dem Weizen Brotlaibe.

Interessanterweise war der Weizen das bevorzugte Getreide der Römer und der Ägypter. Diese Völker wiesen in ihrem Staatsgefüge einen sehr hohen Organisationsgrad auf – z. B. das römische Recht, die Militärgliederung, die Regierungsform, die Architektur usw. In allen diesen Aktivitäten herrschte eine sehr starke Formkraft. Nicht umsonst äußert sich die Ernährung in den geistig-seelischen Fähigkeiten – wie hier der Weizen.

Lange Zeit stand Weizen in Europa in dem Ruf, das Getreide der Wohlhabenden und Gebildeten zu sein, die früher als andere Bevölkerungsschichten die Möglichkeit hatten, ein Bewußtsein ihrer selbst (also ein *Selbst*bewußtsein) zu entwickeln.

Weizen – in rechter Weise zubereitet – ist leichter verdaulich als Roggen. Der menschliche Organismus wird durch ihn in harmonischer Weise ernährt. Man sagt, daß Weizen das bevorzugte Getreide der geistig tätigen Menschen sei.

Hildegard von Bingen stellt den Weizen deshalb auch an den Anfang ihrer Pflanzenkunde in ihrem großen Werk *Physica*. Sie schreibt über ihn, daß er eine „vollkommene Frucht" sei. Näheres über Weizen und seine Verarbeitung erfahren Sie in den Bänden *Ernährungslehre* und *Küche aus der Natur*.

Farben: Der Sonne zugeordnet werden die Farben Gold, Orange und Gelb. Sie symbolisieren Glanz und Macht, aber auch die „höchsten Werte" und die Verbindung zu den Göttern.

Der Einfluß der Sternzeichen

ZWEI ZAHLEN tauchen in der Religion, in Mythen und Märchen immer wieder auf: die Sieben und die Zwölf. Sieben Tage hat die Woche, es gibt in der „alten" Astrologie und Astronomie sieben Planeten, es gibt Märchen von sieben Brüdern, sieben Raben usw. So ist auch die Zwölf eine wichtige Zahl: Es gab zwölf Jünger Jesu, es gibt das Märchen von den zwölf Schwänen usw. Vor allem aber gibt es zwölf Monate und zwölf Tierkreiszeichen, die einander in etwa entsprechen.

Gerade bei den Monaten ist es interessant, daß die Bezeichnungen der heute bei uns gebräuchlichen Monatsnamen uns im Grunde gar nicht viel zu sagen haben und in ihrer Zählung auch nicht mit unserem Gebrauch übereinstimmen: Der September (also der siebte Monat der Römer) ist bei uns der neunte Monat. Und was bedeutet es uns modernen Menschen, daß der Juli nach Julius Cäsar (100–44 v. Chr.) benannt wurde, der dem Geschlecht der Julier entstammte, oder daß der August seinen Namen zu Ehren des römischen Kaisers Augustus (63 v. Chr. – 14 n. Chr.) erhielt? Das mag von historischem Interesse sein – aber eine innere Beziehung zu den kosmischen Gegebenheiten des jeweiligen Monats läßt sich dadurch für uns kaum herstellen.

Dies kann viel eher der Fall sein, wenn wir uns der alten deutschen Monatsbezeichnungen erinnern – vor allem, wenn wir die Rhythmen des Naturgeschehens verfolgen. Diese Bezeichnungen haben nämlich einen starken Bezug zur Natur und den entsprechenden landwirtschaftlichen Arbeiten. Leider sind auch diese Monatsnamen vielen Menschen nicht mehr geläufig, deshalb werden im folgenden die alten deutschen und unsere heutigen, auf römische Bezeichnungen zurückgehenden Monatsnamen nebeneinander dargestellt – beginnend mit dem

März. In diesem Monat nämlich begann das römische Jahr. Deshalb heißt auch der September im Lateinischen „siebter Monat" (nach unserer Rechnung ist er der neunte Monat des Kalenderjahres).

März	– Lenzing	September	– Scheiding
April	– Ostermond	Oktober	– Gilbhart
Mai	– Wonnemond	November	– Nebelung
Juni	– Brachet	Dezember	– Julmond
Juli	– Heumond	Januar	– Hartung
August	– Ernting	Februar	– Hornung

Diesen Zyklen entsprechen bei näherem Hinsehen durchaus auch die Tierkreiszeichen. Dabei sollte man unbedingt berücksichtigen, daß die Tierkreis*zeichen*, die in der Astrologie verwendet werden, durchaus nicht identisch sind mit den zwölf sichtbaren Stern*bildern*. Die Tierkreiszeichen symbolisieren die ganz bestimmten Einflüsse, die in diesen Abschnitten der Sonnenbahn den Menschen beeinflussen können, der unter dem jeweiligen Zeichen geboren wurde. Jeder Mensch wird durch sein Sternzeichen geprägt, das allerdings durch den Aszendenten und andere Einflüsse modifiziert werden kann. Der Aszendent ist der im Augenblick und am Ort der Geburt über dem Osthorizont aufsteigende Punkt der Ekliptik. Sein Zeichen im Tierkreis hat neben dem Sonnenzeichen – also dem im allgemeinen im Horoskop verwendeten Tierkreiszeichen – einen wesentlichen Einfluß auf die Persönlichkeit des Menschen. Wie es z. B. keine ungemischten Temperamente gibt, gibt es auch nur selten ein „reines" Tierkreiszeichen.

Man unterteilt die Tierkreiszeichen nach den Elementen, von denen ja bereits in einem früheren Kapitel die Rede war:

*Feuer*zeichen sind Widder, Löwe, Schütze.
*Erd*zeichen sind Stier, Jungfrau, Steinbock.

*Luft*zeichen sind Zwillinge, Waage, Wassermann.
*Wasser*zeichen sind Krebs, Skorpion, Fische.

Diese Unterteilung ermöglicht bereits ein grobes Persönlichkeitsraster, wobei aber – wie erwähnt – auch immer der Aszendent Berücksichtigung finden sollte.

Die unter einem *Feuer*zeichen geborenen Menschen sind meistens energisch, willensstark und dynamisch. Sie stehen gern im Mittelpunkt und sind immer mehr oder weniger stark auf ihr eigenes Ich konzentriert. Dabei sind sie beweglich und schöpferisch und geborene Führernaturen. Im negativen Fall können diese Anlagen jedoch zu despotischem und zerstörerischem Verhalten oder zu einem lauten, lärmenden Wesen führen.

Die unter einem *Erd*zeichen geborenen Menschen sind durch und durch nüchtern, praktisch und sachlich – eben Realisten. Sie haben die Fähigkeit zu äußerster Konzentration und verlieren das Ziel, das sie sich einmal gesetzt haben, nicht aus den Augen. Mit Geduld, Ausdauer und Zähigkeit setzen sie durch, was sie sich vorgenommen haben. Allerdings können mangelnde Flexibilität und Anpassungsfähigkeit im negativen Fall zu Unnachgiebigkeit und Verbohrtheit führen. Ihr stark ausgeprägtes materielles Interesse kann sich zu Habgier und Berechnung auswachsen.

Bei den unter einem *Luft*zeichen geborenen Menschen dominiert der Intellekt. Sie sind schwungvoll und begeisterungsfähig. Durch ihre Kontaktfreude und ihr geselliges Wesen sind sie zum Austausch von Ideen und Gedanken und zur Herstellung von Beziehungen geradezu prädestiniert. Ihre Zielsetzungen allerdings schwanken. Hartnäckigkeit und Ausdauer sind nicht ihre Sache. Im negativen Fall kann dies zu Flatterhaftigkeit und Oberflächlichkeit führen.

Unter einem *Wasser*zeichen geborene Menschen sind meistens stark gefühlsorientiert. Sie zeichnen sich aus durch ein empfindsames, einfühlsames, phantasievolles Wesen. Ihre innere Unruhe führt zu wechselnden Plänen und Zielsetzungen – aber nicht wie bei den Luftzeichen aufgrund gedanklicher Überlegungen, sondern aus wechselnden Stimmungen heraus. Im negativen Fall führt dies zu Launenhaftigkeit und Labilität.

Hildegard von Bingen sieht in den Sternbildern Helfer der Planeten:

> „Wie das Firmament von den sieben Planeten in seiner Bahn geführt wird, so leisten sie ihm auch bei den zwölf Sternbildern gewissermaßen gute Dienste." (*Causae et Curae*)

Es ist interessant, daß ihrer Ansicht nach die Sterne nicht das Schicksal der Menschen anzeigen, sondern im Gegenteil die Taten der Menschen bestimmte Gestirnphänomene hervorrufen:

> „Die Sterne lassen manchmal viele Zeichen an sich sehen, je nachdem, was die Menschen gerade tun und wie sie sich dabei verhalten. Aber sie offenbaren weder die Zukunft noch die Gedanken der Menschen, sondern nur das, was der Mensch bereits als seine Absicht kundgetan hat oder in Wort und Tat kundtut, weil dies die Atmosphäre aufnimmt." (*Causae et Curae*)

In diesem Sinne sollten die folgenden Ausführungen zu den einzelnen Sternzeichen verstanden werden: Sie wollen zur Selbsterkenntnis beitragen und haben gewissermaßen Aufforderungscharakter. Sie stellen *keine* unabänderlichen Schicksalskonstellationen dar.

♈ Widder (21.3.–20.4.)

„Der ... Planet, der im Sternbild des Krebses rechts von der Sonne war, läuft ihr entgegen und zieht sie nach oben bis zum Sternbild des Widders. Wenn die Sonne zum Sternbild des Widders gekommen ist, kommen ihr dort die zwei unteren Planeten entgegen, fangen sie auf, steigen mit ihr allmählich empor und drängen sie wie ein Widder mit den Hörnern nach vorn." (*Causae et Curae*)

Der Widder ist gekennzeichnet durch die Hörner. Diese sind das Organ des Durchsetzungsvermögens. Beim Menschen verbindet sich dieses mit der Kraft der Aufrichtung (der Mensch ist das einzige aufrecht gehende Wesen), und diese läßt ihn zwischen oben und unten eingebunden sein.

Löwenzahn

Wer hat es nicht schon einmal gesehen, daß eine Löwenzahn-Pflanze den Asphalt zu sprengen vermag? Eine solche Dynamik und Tatkraft steckt in den Löwenzahn-Menschen. Sie blühen auf, wenn sie planen, organisieren, Pionierarbeit leisten können. Und sie sind wahre Stehaufmännchen, die nach Schicksalsschlägen wieder einen neuen Anfang finden.

Die strahlend gelbe Blüte steht für die unverwüstliche Lebensfreude und Willenskraft dieser Menschen, für ihren Mut und ihre Warmherzigkeit. Aber so wie der Löwenzahn zur Pusteblume wird, so kann auch dieser Mensch seine Energien leicht verstreuen. Er sollte darauf achten, gezielt zu arbeiten.

Der Glücksstein der Widder-Geborenen ist der *Jaspis*. Näheres erfahren Sie im Band *Edelsteintherapie*.

♉ Stier (21.4.–21.5.)

„Wenn die Sonne ungefähr bis zum Sternbild des Stiers höhersteigt, bleiben die zwei Planeten [die sie bis zum Widder begleitet haben, Anm. d. V.] dort, und zwei andere kommen ihr entgegen, die selten zu sehen sind und sich nur dann zeigen, wenn sie irgendwelche Wunder mit sich bringen. Sie treiben die Sonne mit großer Kraft vorwärts wie ein Stier, der kräftig mit den Hörnern stößt." (*Causae et Curae*)

Der Stier macht durch Maul und Kehlkopf seine Stimme brüllend bemerkbar. Für den Menschen ist das Sprachvermögen eine entscheidende Tätigkeit, ohne die er sein Menschsein nicht voll verwirklichen kann.

Ringelblume

Wer einmal eine Ringelblume in seinem Garten hatte, weiß um die Beharrlichkeit dieser Pflanzen. So verfolgt der Ringelblumen-Mensch sein einmal gesetztes Ziel mit zähem Einsatz. Dabei verliert er seine heitere Lebenseinstellung nicht – bei den Blumen wird diese charakterisiert durch die wunderschönen Sonnenfarben, die von Gelb bis Orange reichen. Um sich entfalten zu können, braucht der Ringelblumenmensch ein gewisses Maß an Sicherheit – in materieller, aber auch in menschlicher Hinsicht. Wenn er einmal Vertrauen gefaßt hat, wird er sich öffnen und seine ganze Warmherzigkeit entfalten. Sonst bleibt er verschlossen, ja stur. Auch Ringelblumen öffnen ja ihre Blüten nicht, wenn Regen zu erwarten ist.

Der Glücksstein der Stier-Geborenen ist der *Karneol*. Näheres darüber erfahren Sie im Band *Edelsteintherapie*.

♊ Zwillinge (22.5.–21.6.)

Die beiden Planeten, die die Sonne in das Sternbild Stier begleitet haben, „bringen sie nun in die Höhe, so daß dann, wenn sie zum Sternbild der Zwillinge gekommen ist, der eine von ihnen auf der einen Seite der Sonne, der andere auf der anderen Seite von ihr geht und sie sich somit trennen, bis sie ihren höchsten Stand erreichen". (*Causae et Curae*)

Zwillinge verweisen auf die Polarität allen Geschehens. Wer nur „einseitig" denkt, versteht die Welt nicht. Man braucht geistige Beweglichkeit, um die verschiedenen Seiten der Dinge, ihr links und rechts zu erkennen.

Huflattich
Die Huflattich-Pflanze blüht, bevor sie Blätter treibt. Einen ähnlichen Vorgang findet man bei den Huflattich-Menschen: Auch sie streben mit ihren Plänen und Träumen immer weit voraus und haben damit oft noch gar nicht das Fundament vorbereitet, das ihnen die Kraft gibt, ihre Pläne zu verwirklichen. Deshalb überfordern und verausgaben sie sich leicht.
Andererseits sind aber die Höhen und Tiefen des Lebens für sie eine Notwendigkeit, um ihr Bedürfnis nach Abwechslung ausleben zu können. Schon zeitig im Frühjahr entfaltet der Huflattich seine leuchtend gelben Blüten – genauso können die Huflattich-Menschen geradezu als Trotzreaktion gegen eine eisige Umwelt ihren Charme entfalten.

Der Glücksstein der Zwillinge-Geborenen ist der *Chalzedon*. Näheres erfahren Sie im Band *Edelsteintherapie*.

♋ Krebs (22.6.–22.7.)

„Im Sternbild des Krebses geht, wenn die Sonne sich bereits zum Niedergang wenden muß, der Planet, der auf ihrer rechten Seite geht, ihr ein wenig voraus und trifft dabei auf den anderen Planeten, der unterhalb der Sonne steht. Alsbald weicht der Planet, der diesen Planeten fühlt, auf kurze Zeit zurück, und der andere folgt ihm. Dieser wiederum kehrt um, und der erstere weicht zurück, und jener folgt ihm. So gehen sie eine Zeitlang wie Krebse vorwärts und rückwärts, bis sie die Sonne zum Niedergang veranlassen."
(*Causae et Curae*)

Der Krebs ist durch seinen Panzer, der die empfindlichen Organe der Atmung und des Kreislaufs einschließt, gegen Feinde geschützt. Auch der Mensch muß auf Schutz bedacht sein. Aber er ist nur dann wirklich Mensch, wenn er sich bemüht, auch andere zu schützen.

Kamille

So wie ein Kamillentee den Leib durchwärmt und entspannt, verstehen es die Kamille-Menschen, um sich herum eine Atmosphäre von Wärme und Behaglichkeit zu schaffen. Diese innerlich zarten und empfindsamen Wesen neigen dazu, sich mit den Sorgen und Problemen der anderen zu belasten, und werden dabei nicht selten ausgenutzt. Dabei könnten sie selbst Verständnis und Unterstützung brauchen.
Die Kamillen-Pflanze verträgt weder chemische Gifte noch künstliche Düngemittel – ebensowenig vertragen Kamille-Menschen Kritik und Mißgunst. Sie verkümmern dabei. Kommt man jedoch ihrem Bedürfnis nach Zärtlichkeit und Geborgenheit entgegen, ist ein Zusammenleben mit ihnen wohltuend und harmonisch wie der Duft der Kamille.

Der Glücksstein der Krebs-Geborenen ist der Smaragd. Näheres darüber erfahren sie im Band *Edelsteintherapie*.

♌ Löwe (23.7.–23.8.)

„Der Planet, der auf der linken Seite der Sonne war, bleibt dort, und die zwei begleiten sie und halten sie bei ihrem Niedergang, damit sie nicht zu schnell niedergeht. [Gemeint sind die Planeten, die die Sonne durch das Sternbild des Krebses begleitet haben. Anm. d. V.] Da kommen die Planeten, die im Sternbild des Widders waren, der Sonne dort leise summend entgegen. Dann strahlt die Sonne eine große Hitze aus, wie wenn sie wegen der Schwierigkeit bei der Wende erzürnt wäre. Daher lassen sich Blitze und Donner vernehmen, weil ihre Wende zum Niedergang schwierig ist." (*Causae et Curae*)

Der Löwe ist durch ein ungewöhnliches Herz gekennzeichnet, das auch durch die Herausbildung der Brust das ganze Tier beherrscht. Dem verdankt der Löwe seinen Rang als „König der Tiere". Das Herz des Menschen ist sein zentrales führendes Organ. Ein Mensch „ohne Herz" ist ein Mensch ohne Mittelpunkt, im Grunde haltlos und schwach.

Johanniskraut

Im Johanniskraut, das ja im Höhepunkt des Jahres blüht, ist die ganze Kraft der Sonne eingefangen. Auch die Johanniskraut-Menschen sind geradezu von einem Leuchten umgeben, das sie aus der Menge hervorhebt. Sie sind warmherzig und großzügig, und genauso wie die Pflanze brauchen sie Sonne und Wärme, um sich zu entfalten. Das schließt die Wärme durch Anerkennung und Bewunderung ihrer Mitmenschen ein. Johanniskraut wird wegen seiner harten Stengel auch Hartheu genannt. Auch hier findet sich eine Parallele bei den Johanniskraut-Menschen: Sie sind in ihren Ansichten nicht sehr beweglich. Haben sie erst einmal eine Position bezogen, bleiben sie dabei.

Der Glücksstein der Löwe-Geborenen ist der *Diamant*. Näheres erfahren Sie im Band *Edelsteintherapie*.

♍ Jungfrau (24.8.–23.9.)

„Wenn die Sonne zum Sternbild der Jungfrau gekommen ist, laufen ihr dort die beiden Planeten entgegen, die ihr im Sternbild des Stiers begegnet sind. Dann zieht sie ihre Bahn auf eine angenehmere und mildere Weise, weil ihre stechende Hitze gemildert wird. Nun bringt die Erde keine Frucht mehr hervor, sondern steht fast schon in erfreulicher Reife da." (*Causae et Curae*)

Die Jungfrau appelliert an die reine Innerlichkeit des Menschen. Im astrologischen Sinn bedeutet „Jungfräulichkeit" die immer neu gewonnene Fähigkeit zur Unbefangenheit im Wahrnehmen der Menschen und der Dinge.

Wegwarte

Die Blüten der Wegwarte öffnen sich schon sehr früh (zwischen 4 und 5 Uhr morgens). Bei den Wegwarte-Menschen spiegelt sich diese Tatsache in ihrem klaren, analytischen Verstand wider. Dieser läßt sie die Fehler und Schwächen ihrer Mitmenschen sofort entdecken. Und sie scheuen sich nicht, diese mitzuteilen – was für ihre Mitmenschen natürlich nicht immer erfreulich ist. Der wahre Wunsch der Wegwarte-Menschen ist es jedoch, den anderen zu helfen, indem sie sie auf ihre Fehler hinweisen.

Die Pflanzen haben tiefreichende, bitter schmeckende Wurzeln, die aber von besonderer Heilkraft sind. Die blauen Blumen können nach alter Überlieferung die Seele des Menschen heilen. Vor diesem Heilungsprozeß sind aber Einsicht und Selbsterkenntnis nötig – und die sind eben häufig bitter.

Der Glücksstein der Jungfrau-Geborenen ist der *Topas*. Näheres darüber erfahren Sie im Band *Edelsteintherapie*.

♎ Waage (24.9.–23.10.)

> „Die Planeten [die sie durch das Zeichen der Jungfrau begleitet haben, Anm. d. V.] gehen mit der Sonne bis zum Sternbild der Waage, wo das Wachstum und das Verdorren gleichsam auf der Waage liegen. Nun hört das Wachstum auf, und das Verdorren setzt ein." (*Causae et Curae*)

Die Waage spricht als Bild für sich selbst. Überall kommt es auf das „Ausgewogensein" an. Physisch muß der Mensch stets das Gleichgewicht wiederherstellen – vor allem beim Gehen, das ja aus den Hüften heraus geschieht. Die innere Waage will gleichsam beherrscht sein, damit der Mensch seelisch und geistig im Gleichgewicht ist.

Schafgarbe

„Heil der Welt" nannte man die Schafgarbe früher wegen ihrer vielfältigen Heilwirkung. Auch Schafgarbe-Menschen können überaus heilsam sein – besonders in den menschlichen Beziehungen. Sie sind nämlich mit ihrem Taktgefühl und Harmoniestreben die geborenen Diplomaten, immer auf Ausgleich und Kompromiß bedacht.

Der Glücksstein der Waage-Geborenen ist der *Aquamarin*. Näheres erfahren Sie im Band *Edelsteintherapie*.

♏ Skorpion (24.10.–22.11.)

Die Planeten, die die Sonne durch das Sternzeichen der Waage begleitet haben, folgen ihr zunächst auch weiterhin.

> „Dann geht der eine Planet von ihnen auf der einen Seite von ihr, und sie trennen sich dabei so, wie sie es im Sternbild Zwillinge getan haben. So führen sie die Sonne bis zum Sternbild des Skorpions, und dort bleibt der eine Planet von ihnen zurück. Aber dann kommt der Sonne ein an-

derer Planet entgegen, nämlich der, der unterhalb des Krebses seine Bahn zog. Auch der Planet, welcher dort bei der Sonne lief und rückwärts und vorwärts ging, bleibt nunmehr bei der Sonne, und somit ziehen nun beide mit ihr. Im Sternbild des Skorpions suchen dann alle Kriechtiere ihre Löcher auf, wo sie sich den Winter hindurch verbergen können." (*Causae et Curae*)

Der Skorpion hat einen Stachel, der tödlich wirken kann. Aber schon die alten Ägypter kannten die Lösung: Wer den Skorpion überwindet und verwandelt, erwirbt den Adler. Die Verwandlung der Triebhaftigkeit bedeutet also den Erwerb höherer Geistigkeit.

Kalmus

Der Kalmus ist ein sehr starres und aufrechtes Gewächs. So stellen auch Kalmus-Menschen an sich und an andere die höchsten Anforderungen. Sie sind überaus willensstark, und auf diese Weise gelingt es ihnen, ihren eigenen Ansprüchen zu entsprechen. Kalmus-Menschen sind Kämpfer, sie lieben den Widerstand und die Opposition. Das Mittelmaß verachten sie, denn für sie gibt es nur das Entweder-Oder. So sind sie einerseits besitzergreifend und eifersüchtig, andererseits selbstlos und aufopfernd.

Der Kalmus ist eine Sumpfpflanze. Kalmus-Menschen sind ebenso tiefgründig und schwer zu durchschauen wie das Moor. In ihnen brodeln Gefühle und Leidenschaften, und sie sind zu tiefen Gefühlserlebnissen fähig.

Der Glücksstein der Skorpion-Geborenen ist der Granat. Näheres erfahren Sie im Band *Edelsteintherapie*.

⚹ Schütze (23.11.–21.12.)

„Die zwei oben erwähnten Planeten [die die Sonne durch das Sternzeichen des Skorpions begleitet haben, Anm. d. V.] ziehen mit der Sonne bis zum Sternbild des Schützen und bleiben dort. Im Sternbild des Schützen zieht dann kein Planet mehr so wie vorher mit der Sonne, sondern sie lassen sie nun sachte und langsam allein weiterziehen, weil sie schon ziemlich tief im Niedergehen ist. So läßt man vergleichsweise ein Schiff flußabwärts manchmal von selber ruhig treiben, ohne die Ruder zu gebrauchen, die dann einmal eine Zeitlang außer Betrieb sind. Weil die Sonne am Absteigen ist, ist ihre Wärme besonders unter der Erde und auch in den Gewässern, die von der Erdoberfläche entfernt sind." (*Causae et Curae*)

Brennessel

Ebenso wie die Brennessel-Pflanzen für das Brennen, das eine unbedachte Berührung auf der Haut hinterläßt, sind die Brennessel-Menschen für ihre Offenheit bekannt. Eine Offenheit, die mitunter für ihre Umgebung auch schmerzhaft sein kann, denn die Brennessel scheut sich nicht, anderen ihre Meinung schonungslos mitzuteilen. Aber wenn man bedenkt, wie blutreinigend und verdauungsfördernd die Brennessel-Pflanze auf den menschlichen Organismus wirkt, kann man vielleicht auch das heilsame Brennen in Berührung mit Brennessel-Menschen leichter akzeptieren.

Die Schmetterlinge lieben die Brennessel und können zum Teil ohne sie gar nicht existieren. So sind die unternehmungslustigen und vielseitigen Brennessel-Menschen geradezu ein Lebenselixier für alle, die gerne einmal aus dem Alltag ausbrechen und ihren eigenen Weg gehen möchten.

Der Glücksstein der Schütze-Geborenen ist der *Türkis*. Näheres erfahren Sie im Band *Edelsteintherapie*.

♑ Steinbock (22.12.–20.1.)

„Die zwei Planeten, welche die Sonne bis zum Sternbild des Schützen begleitet haben, steigen dann zu den Wolken empor und erwärmen mit ihrer eigenen Wärme die Atmosphäre stärker als gewöhnlich. Sonst würde alles, was sich auf der Erde befindet, zugrunde gehen. Auf diese Weise sind sie der Sonne bis zum Sternbild des Steinbocks dienlich, wo dieselben Planeten sie anregen, in ihre frühere Bahn aufzusteigen und ihr dabei behilflich sind." (*Causae et Curae*)

Steinbock beherrscht das Knie. Wer jemals Gemsen oder Steinböcke in der freien Natur beobachtet hat, kennt deren unglaubliche Geschicklichkeit im Klettern. Kräftiges Durchsetzungsvermögen gegen jeden Widerstand ist gemeint, wenn von Steinbock-Kräften die Rede ist.

Beinwell

Der Beinwell wurzelt tief und ist der Erde verwachsen. Auch der Beinwell-Mensch braucht diese Sicherheit – gerade bei anderen Menschen und ihrer Zuneigung. Aber nie würde er dies offen zugeben, denn ein Beinwell geizt gewöhnlich mit seinen Gefühlsbezeugungen.
Die Stärke der Pflanze zeigt sich, wenn es darum geht, Verstauchungen und sogar Knochenbrüche zu heilen. So bringen auch den Beinwell-Menschen weder Mißerfolge noch Niederlagen von seinem Weg ab. Immer wird er pflichtbewußt und gewissenhaft, aber auch strebsam und ehrgeizig seinen Weg gehen.

Der Glücksstein der Steinbock-Geborenen ist der *Onyx*. Näheres erfahren Sie im Band *Edelsteintherapie*.

♒ Wassermann (21.1.–19.2.)

„Wenn die Sonne zum Sternbild des Steinbocks gekommen ist, laufen ... drei Planeten unter sie und drängen sie allmählich nach oben bis zum Sternbild des Wassermanns. Wenn sie da nunmehr zu steigen beginnt, erwärmt sie die Erde im Bereich des Bodens und die Wasser, die unter der Erde sind. Deshalb sind die Wasser unter der Erde im Winter wärmer als im Sommer. Dort im Sternbild des Wassermanns geht dann jener Planet, der sein Feuer ständig von der Sonne erhält, nämlich der, welcher im Sternbild des Krebses unterhalb der Sonne steht, und die anderen Planeten, die hinzukommen, wieder zurück." (*Causae et Curae*)

Der Wassermann-Geborene als solcher läßt sich nicht so leicht definieren. Wir waten bis zu den Waden im Wasser. Wasser ist an sich gestaltlos und nur von außen zu begrenzen. Auf den Bahnen des Wassers, den Weiten des Meeres findet der Mensch die Fernen und gerät dabei in Gefahr, sich selbst im Unbegrenzten zu verlieren.

Melisse

So wie die Melisse großzügig ihren Duft verströmt, verteilt auch der Melisse-Mensch seinen Charme, sein Interesse und sein Engagement an alle möglichen Bewegungen und Ideen, die ihm fortschrittlich erscheinen. Er ist ein ruheloser Geist, der eigene Wege geht und nichts von Vorschriften und Reglementierungen, von Tradition und Konvention hält. Dies hat ihm den Ruf eines Rebellen eingetragen, was ihn allerdings nicht bekümmert, denn er verwirklicht seinen Lebensstil, ohne nach dem Urteil seiner Umwelt zu fragen.

Die Melisse-Pflanze ist eine regelrechte Bienenweide. So liebt auch der Melisse-Mensch Gesellschaften und schart gerne recht viele „Typen" um sich.

Der Glücksstein der Wassermann-Geborenen ist der *Amethyst*. Näheres finden Sie im Band *Edelsteintherapie*.

♓ Fische (20.2.–20.3)

Die Planeten, die bereits im Sternzeichen Wassermann in Sonnennähe waren, „begleiten die Sonne bis zum Sternbild der Fische. Wenn sie bei diesem Sternbild angekommen sind, befindet sie sich gleichsam mitten in den Gewässern. Die Fische, die sich vorher wegen der Kälte verborgen gehalten hatten, verspüren nunmehr ihre Wärme und wenden sich dem Laichen zu." (Causae et Curae)

Fische bedeuten für viele Menschen einen Aufruf der Zukunft. Die Bewegung ist Ausdruck des unbewußten Willens dieser Wassertiere. Wir Menschen leben mit unserem bewußten Willen in Händen und Füßen. Energische Aufforderungen werden mit dem Faustschlag auf den Tisch oder einem Fußtritt auf den Boden begleitet. Das ist grober Wille. Aber es gibt auch geistigen Willen, selbstlose Willenskräfte, die zukunftstragend werden können. Nicht zufällig war das Zeichen Fische das heilige Zeichen der Urchristen.

Wegerich

Der Wegerich ist ein wirklicher Samariter. Ob Husten oder Fußschmerzen – immer ist er den Menschen mit seinen wertvollen, heilsamen Inhaltsstoffen zur Hand. So opfern sich auch die Wegerich-Menschen für andere auf – gleichgültig, ob diese es nun verdienen oder nicht. Verzichten und entsagen sind für sie Selbstverständlichkeiten. Bis zur Selbstaufgabe können sie sich Menschen und Situationen anpassen – dabei entgleiten sie mitunter nicht nur anderen, sondern auch sich selbst.

Der Glücksstein der Fische-Geborenen ist der *Saphir*. Näheres finden Sie im Band *Edelsteintherapie*.

Die Jahresfeste

NICHT nur der Tag, die Woche und der Monat folgen verschiedenen Rhythmen – auch das Jahr mit seinen Jahreszeiten und vor allem mit seinen Jahresfesten gibt immer wieder Anlaß dazu, sich darauf zu besinnen, daß wir in einen größeren Zusammenhang eingebettet sind. Deshalb soll im folgenden auch auf die christlichen Feste im Jahreslauf eingegangen werden.

Januar

6. Januar: Heilige Drei Könige

Eigentlich handelte es sich dabei nicht um Könige, sondern um Weise oder sogar Magier, die das Jesuskind aufsuchten und ihm ihre kostbaren Gaben brachten: Gold (Näheres dazu im Band *Edelsteintherapie*), Weihrauch und Myrrhe (Näheres dazu im Band *Pflanzen- und Kräuterkunde*). Erst im 5. Jahrhundert wurden aus den Weisen Könige. Im 8. Jahrhundert gab man ihnen die Namen Caspar, Melchior und Balthasar.

Durch das Dreikönigsfest wurde in den letzten Jahrhunderten der weihnachts- und neujahrszeitliche Festkreis beendet. An diesem Tag wird in vielen Familien der Weihnachtsbaum abgeschmückt. In katholischen Gegenden ist heute noch der Brauch der „Sternsinger" üblich – Kinder, die als die Drei Könige verkleidet singend von Tür zu Tür gehen und Spenden für einen wohltätigen Zweck sammeln. Früher war es allgemein üblich – und ist es vor allem in Süddeutschland heute noch –, am Vorabend des Dreikönigstags Wohnräume und Ställe mit Weihrauch zu durchschreiten und zu segnen sowie das Dreikönigszeichen (C–M–B) anzubringen.

Februar

2. Februar: Mariä Lichtmeß

Dieser Tag gilt als das Fest des sich mehrenden Tageslichtes. Ursprünglich erinnert es aber an die kultische „Reinigung" Marias im Tempel 40 Tage nach der Geburt von Jesus. Hier erfolgte nach dem Neuen Testament auch die Begegnung mit Simeon und Hanna, die Jesus segneten und als Heilsbringer priesen. Die Bezeichnung Lichtmeß leitet sich von der Lichterprozession und der Kerzenweihe her, die in Anspielung auf Simeons Worte „ein Licht, das die Heiden erleuchtet" (Lukas 2,32) schon früh zur Festliturgie gehörte. Den geweihten Kerzen wurde eine besondere Schutzkraft zugemessen.

Fastnacht

Dieser Tag bezeichnet den letzten Tag vor Beginn der Fastenzeit. Diese richtet sich nach dem Osterfest und dauert 40 Tage – man kann also kein festes Datum angeben. In vielen deutschen Städten wird während dieser Zeit der Karneval (lat. *carne vale*, Fleisch, ade!) gefeiert. Dort beginnt der Höhepunkt dieser Feste mit dem Rosenmontag und endet am Aschermittwoch, an dem sich Katholiken zum Zeichen der Reue und Buße ein Aschenkreuz auf die Stirn zeichnen lassen. Zu Hildegards Zeiten kannte man diese Bräuche wahrscheinlich noch nicht, denn sie formten sich erst im 14. und 15. Jahrhundert heraus.

Über die Fastenzeit und deren Sinn erfahren Sie Näheres im Band *Heilendes Fasten*.

März

Ostern

Ostern ist ein bewegliches Fest – es läßt sich also kein festes Datum dafür angeben. Ostern fällt immer auf den Sonntag, der dem ersten Vollmond nach der Frühlings-Tagundnachtgleiche folgt, kann also auch in den April fallen. Osterhase und Ostereier sind in unserem Kulturkreis untrennbar mit Ostern verbunden, denn Ostern ist nicht nur das Fest der Auferstehung Christi, sondern auch ein uraltes Fruchtbarkeitsfest, das nach der germanischen Frühlingsgöttin Ostara benannt wurde. Viele Bräuche aus dieser Zeit sind bis heute nicht vergessen, z. B. das Heimtragen des Osterwassers. Dieses Symbol des Lebens und der Fruchtbarkeit muß von einem jungen Mädchen schweigend aus einem fließenden Gewässer geschöpft werden. Wer sich mit diesem Wasser wäscht, erhält sich Jugend, Schönheit und Gesundheit.

Ostern ist das älteste christliche Fest und das Hauptfest des Kirchenjahres. Es wird seit Mitte des 2. Jahrhunderts zum Gedächtnis des Todes und der Auferstehung Christi gefeiert. Damals verbrachten die christlichen Gemeinden die Osternacht wachend mit Lesung und Gebet, so wie es heute noch in den Ostkirchen der Fall ist und zunehmend auch wieder bei uns eingeführt wird. Was viele Menschen nicht wissen ist, daß die Osterzeit 50 Tage dauert – nämlich bis zum Pfingstsonntag.

April

Walpurgisnacht
Die Nacht vor dem 1. Mai ist der heiligen Walburga (710–779) geweiht, die als Beschützerin gegen Zauberpraktiken vor allem von Wöchnerinnen angerufen wurde. Dem Volksglauben nach ritten in dieser Nacht die Hexen auf ihren Besen zum Blocksberg (Brocken) im Harz, um sich dort mit dem Teufel zu vergnügen. Heute werden wieder – wie in früheren Zeiten – sog. Hexenräder brennend von den Bergen gerollt, um diesen bösen Zauber zu vertreiben.

Mai

1. Mai

Feiern zur Begrüßung des Frühlings am 1. Mai gibt es seit dem Mittelalter. So wurden damals bereits Zweige und Bäumchen – vor allem Birken – zum Schmuck verwendet. Bis heute ist es in ländlichen Gebieten üblich, den Maibaum bis zu seiner Aufstellung zu bewachen, damit er nicht von der Dorfjugend eines anderen Ortes gestohlen oder beschädigt werden kann. Aus den Traditionen der Arbeiterbewegung heraus entwickelte sich der 1. Mai zu einem allgemeinen Feiertag („Tag der Arbeit").

Pfingsten

Das Pfingstfest ist wie Ostern ein bewegliches Fest, denn es findet ungefähr 50 Tage nach Ostern statt. In den christlichen Kirchen ist Pfingsten mit der Sendung des Heiligen Geistes und dem Beginn des öffentlichen Wirkens der Kirche verbunden. Pfingsten galt als Höhepunkt und Abschluß der Osterzeit. In der evangelischen Kirche wird Pfingsten als Ausrüstung der Jünger mit dem Heiligen Geist zur Mission gefeiert.

Im Mittelalter wurden auf der Pfingstwiese Pfingstgelage verbunden mit Tanzveranstaltungen gefeiert. Außerdem gab es zahlreiche Wettbewerbe, z. B. Scheiben- oder Vogelschießen, Wettkämpfe zu Fuß oder zu Pferd usw. Auch das Vieh wurde zu diesem Termin erstmals nach dem langen Winter wieder auf die Weide getrieben. Das erste oder letzte Tier bzw. der zum Braten bestimmte „Pfingstochse" wurde festlich geschmückt.

Juni

24. Juni: Johanni

Der Johannistag liegt dem 24. Dezember genau gegenüber, dem Christgeburtsfest. Die rote Rose, die um diese Zeit herum erblüht, gilt als Symbol dieses Festtages. Dieser Tag ist Johannes dem Täufer, dem Wegbereiter Christi geweiht. Aber viel älter sind die Sonnenwendbräuche, die die christliche Kirche später in ihr Brauchtum übernahm. Dazu gehört beispielsweise das Johannis-(oder Sonnenwend-)feuer. Dabei wird ein Holzstoß angezündet, umtanzt und übersprungen. Dem Volksglauben nach wirken in der dem Johannisfest vorausgehenden Johannisnacht segensreiche, aber auch gefährliche Kräfte. Die in dieser Nacht gesammelten Kräuter schützen nicht nur vor Krankheit, sondern können auch für magische Praktiken nützlich sein.

September

29. September: Michaelstag

Der Erzengel Michael, der den Drachen besiegte, dient als Sinnbild dafür, daß unser Bewußtsein wach sein muß, um das Böse zu durchschauen und zu bekämpfen. Michael gilt als Führer und Bannerträger der himmlischen Heerscharen und als Engel der Gerechtigkeit, die er mit seinem Schwert verteidigt. In verschiedenen Gegenden galt sein Tag als Sommerende und Ernteschluß. Vielerorts wird an diesem Tag die Kirchweih (oder Kirmes) gefeiert.

November

11. November: Martinstag

Dieser Tag geht auf den Bischof Martin von Tours (316–397) zurück. Innerhalb des christlichen Kalenders war dies ein wichtiger Brauch-, Rechts- und Wirtschaftstermin. So begann zu dieser Zeit das Adventsfasten. Aber auch Dienstboten wurden zu diesem Termin eingestellt oder entlassen. Die Martinsgans, die in vielen Familien an diesem Tag verspeist wird, erinnert daran, daß es Gänse waren, die Martins Versteck verrieten, als er zum Bischof ernannt werden sollte und sich diesem Ruf aus Bescheidenheit entziehen wollte. Bekannt ist auch die Legende, nach deren Überlieferung St. Martin seinen Mantel mit einem Bettler teilte.

Dezember

Advent

Oft beginnt der Advent schon im November. Er umfaßt die vier Sonntage und die darauffolgenden Wochen vor Weihnachten. Advent bedeutet „Erwartung". So ist denn auch diese Zeit ganz auf die Erwartung des Christgeburtsfestes ausgerichtet. Als Vorbereitung auf das Weihnachtsfest wurde in früheren Jahrhunderten – vor allem im Mittelalter – in dieser Zeit gefastet. Der bei uns inzwischen selbstverständliche Adventskranz mit seinen vier Kerzen ist erst seit dem Ersten Weltkrieg in Gebrauch. Kindern schenkt man zur Adventszeit gerne Adventskalender, bei denen sich vom 1. bis zum 24. Dezember jeweils ein Bildchen aufklappen oder eine Süßigkeit entnehmen läßt.

6. Dezember: Nikolaustag

Nikolaus von Myra (ca. 270–342) war Bischof von Myra in Lykien (Kleinasien). Er gilt vor allem als Beschützer der Kinder, da er der Legende nach drei fahrende Schüler zum Leben erweckt haben soll, die auf ihrer Reise von einem Wirt ermordet und in einem Faß eingepökelt worden waren. Der Brauch, Kindern Geschenke in die bereitgestellten Schuhe zu legen, ist allerdings erst seit dem 16. Jahrhundert bekannt. Er entwickelte sich aus der Legende von den drei armen Jungfrauen, die durch ein Geschenk des Nikolaus (drei goldene Äpfel) vor der Prostitution bewahrt blieben.

24. Dezember: Heiligabend und Weihnachten

Das Weihnachtsfest wird seit dem Jahr 354 am 25. Dezember gefeiert. Es ist das Fest der Geburt Christi. Der Heilige Abend dient der Vorbereitung auf dieses Fest. Deshalb gehen auch heute noch viele Menschen am Heiligabend in die Christmesse, um die Geburt des Jesuskindes zu begrüßen, und bereiten die Bescherung – so wie das in vielen anderen Ländern üblich ist – für den Weihnachtsmorgen vor. Die Bescherungsfeier bildete sich allerdings erst im 16. Jahrhundert heraus. In vielen Familien gibt es ein traditionelles Essen – Würstchen und Kartoffelsalat, Karpfen, Weihnachtsgans usw. Den Weihnachtsbaum kennt man erst seit Ende des 16. Jahrhunderts.

Die „heiligen Nächte"

In der Nacht vom 24. zum 25. Dezember beginnen die 13 heiligen Nächte (auch „Rauhnächte" genannt). Sie verbinden das alte mit dem neuen Jahr – deshalb nennt man sie auch die Zeit „zwischen den Jahren". In ländlichen Gegenden – vor allem in Süddeutschland – werden Haus und Stallungen noch heute mit Weihrauch oder dem Rauch von Wacholderzweigen geräuchert, um böse Mächte zu vertreiben. Ereignisse und Träume, die in diese Zeit fallen, sollen dem Volksglauben nach schicksalswirksamen Einfluß auf das kommende Jahr und die Zukunft haben. Diese Zeit sollte man zum Anlaß nehmen, geistige Kräfte für das neue Jahr zu sammeln. Denn diese „heiligen Nächte" bilden einen Ruhepunkt zwischen den Jahren.

31. Dezember: Silvester und 1. Januar: Neujahr

Der letzte Tag des Jahres ist nach dem heiligen Silvester (314–335) benannt, der der Legende nach Konstantin den Großen vom Aussatz heilte und taufte. Der erste Tag des neuen Jahres wurde übrigens erst 1691 für den 1. Januar (durch den Papst Innozenz XII.) von der katholischen Kirche anerkannt. Es ist interessant, daß die christliche Kirche diesen Tag zunächst nicht feierte, sondern erst seit dem 6. Jahrhundert – wegen der „Ausgelassenheit" der Neujahrsfeiern – ihn als Bußtag beging.

Gedanken zur Jahreswende

DER JAHRESWECHSEL läßt wohl keinen Menschen gänzlich unberührt. Sei es das Silvester-Festessen, die Flasche Sekt, das Bleigießen oder das Feuerwerk: Alle diese Bräuche und Traditionen dokumentieren eine Zäsur, einen Wechsel nicht nur im Kalender, sondern im Leben jedes einzelnen. Wer ein wenig tiefer, ein wenig weiter denkt, nutzt die Zeit „zwischen den Jahren" zur Besinnung und zur gedanklichen Einkehr. Gerade in dieser Zeit sind Hildegards Worte über die doppelte Natur des Menschen, die sie in einem Brief an den Mönch Wibert von Gembloux schrieb, eine gute Grundlage zum Nachdenken und Meditieren:

„Der Mensch ist irdisch und himmlisch zugleich. Durch die gute Wissenschaft der vernünftigen Seele ist er himmlisch, durch die böse Wissenschaft aber ist er gebrechlich und finster. Je mehr er sich im Guten erkennt, desto mehr liebt er Gott. Besieht nämlich ein Mensch sein Antlitz im Spiegel und findet, daß es beschmutzt und von Staub bedeckt ist, dann trachtet er, es zu reinigen und abzuwaschen. In gleicher Weise seufzt er auch, wenn er merkt, daß er gesündigt und sich in mannigfache Eitelkeit verstrickt hat." (*Causae et Curae*)

Als Symbolfigur des Jahreswechsels gilt der römische Gott Janus. Er war die Gottheit der Türen und des Anfangs. Charakteristisch für ihn ist seine Doppelgesichtigkeit: Mit dem einen Gesicht schaut er nach hinten – in die Vergangenheit, mit dem anderen Gesicht nach vorn – in die Zukunft.
Der Jahreswechsel ist eine Art Schwelle, auf deren einer Seite das Kommende und auf deren anderer Seite das Vergangene liegt. Beides muß im Bewußtsein getragen werden, will man die Gegenwart bewußt erleben und ausschöpfen. Der Jahreswechsel sollte uns deshalb ein willkommener Anlaß zu beidem sein.

Lassen wir noch einmal das vergangene Jahr an unserem inneren Auge vorüberziehen, machen wir uns deutlich, was es uns gebracht hat. Überlegen wir auch einmal, was *wir* in dieser Zeit in die Welt gebracht haben – nicht nur an (Arbeits-)Leistung, sondern vor allem an Wärme, Freundlichkeit und Zuversicht.

Beides will oft erst gelernt sein: das (richtige) Geben und das (richtige) Nehmen vom Leben und für das Leben. Wer sich dies bewußt macht, wird ein reicheres und erfüllteres Leben leben könnnen.

Die Rückschau auf das vergangene Jahr wird uns auch Unvollendetes, Unausgeglichenes vor Augen führen. Fehler und Versäumnisse stehen vor uns auf; sie bedrücken uns mitunter sogar. Nicht als etwas Unangenehmes sollte man diese Gedanken verdrängen, sondern sie als Aufforderung, ja: als Chance sehen zum Neubeginn. Die guten Vorsätze, die auf einer solchen Grundlage gefaßt werden, sind wirksamer und werden sich leichter in die Tat umsetzen lassen als alle noch so guten Absichtserklärungen, die ohne diese (oft schmerzliche) gedankliche Vorarbeit gemacht werden.

Wer sich zuerst einmal ehrlich mit dem Vergangenen auseinandersetzt, wird sich für die Zukunft nicht zuviel vornehmen – vor allem nicht das Falsche. Auch in der Vorschau sollten wir begreifen, daß nicht nur wir etwas vom neuen Jahr erwarten, sondern daß auch von uns etwas erwartet wird.

So, wie wir uns von einem Jahr verabschieden und das kommende begrüßen, kann man auch jedem einzelnen Tag entgegensehen. Dadurch wird es möglich, Zeit nicht nur als etwas Vergehendes, Vergängliches zu erleben, sondern sie bewußt zu gestalten und das Bleibende und Beständige darin zu erkennen. Die Rückschau am Abend vertieft das Erlebte, rückt durch den

Abstand vieles erst ins richtige Licht, bringt es aus dem „bewußtlosen" Geschehen-Lassen ins bewußte Erleben. Auf dieser Grundlage können sich dann im Schlaf, im Unbewußten, die Vorsätze formen, mit denen man dem neuen Tag noch bewußter – *selbst*bewußter – begegnen kann.

Schön und hilfreich ist es, solche Gedanken mit einem Gebet oder einer Meditation zu beschließen. Viele Aussprüche von Dichtern und Denkern (auch viele Gedichte) eignen sich dazu. Es gibt zahlreiche Gebete, die sogar den nicht kirchlich eingestellten bzw. konfessionell nicht gebundenen Menschen bereichern können.

Ein Moment der Stille, in dem man sich sammeln und konzentrieren kann, findet sich in jedem noch so hektischen Tageslauf. Gerade von vielbeschäftigten, erfolgreichen Menschen weiß man, daß solche Momente zur Kraft- und Inspirationsquelle werden können. Wer sich in dieser täglichen Vor- und Rückschau übt, wird schon bald feststellen können, daß ihn der Strudel der Alltagsgeschehnisse nicht mehr so fortzureißen vermag wie früher, daß in immer stärkerem Maße er selbst es ist, der sein Leben bestimmt und gestaltet.

Der Wechsel der Jahre und der Tage ist, wenn wir ihn bewußt wahrnehmen, wie ein gleichmäßiges Ein- und Ausatmen, ein rhythmisches Pulsieren des Lebensstroms. Dieses Mitschwingen im kosmischen Geschehen vertieft sich, wenn wir offen sind für den Wechsel der Jahreszeiten, für die Wandlungen und Metamorphosen, die sich in der Natur vollziehen.

Gerade in diesem Bereich droht der Mensch von heute zu verarmen. Klimatisierte Räume sorgen im Sommer wie im Winter für eine immer gleichbleibende Temperatur, der frischgefallene Schnee wird schnellstens wieder weggeräumt, Bäume und Sträucher, an deren Laub man die jeweilige Jahreszeit erkennen könnte, sind rar. Die moderne Technik ermöglicht es uns, im tiefsten Winter Sonnenbäder zu nehmen – sei es nun in der Karibik oder im Sonnenstudio – und zu Weihnachten frische Erdbeeren oder grünen Salat zu essen. Alles ist fast immer und überall zu haben.

Der vermeintliche Fortschritt entpuppt sich mitunter als Verlust – vor allem an Lebensfreude und Lebensqualität. Wohin diese Art des Fort-Schritts von der Natur führt, können wir an der zunehmenden Zerstörung unserer Umwelt ablesen.

Die Natur gilt es also wiederzuentdecken – nicht in sentimentaler Naturschwärmerei, sondern in dem Versuch, mit ihr und ihren Gesetzen in Einklang zu leben. Wer sich darin übt, wird mit sich selbst in Einklang leben können. Denn die innere Zerrissenheit des modernen Menschen rührt nicht zuletzt daher, daß er seinen Zusammenhang mit der Natur vergessen hat oder leugnet. Das aufmerksame und liebevolle Beobachten der Natur im Jahreslauf, die bewußte Gestaltung des eigenen Lebens in Übereinstimmung mit den Jahreszeiten (z. B. in der Nahrungszusammenstellung – dazu finden Sie nähere Angaben im Band *Ernährungslehre*) wird uns auch die Augen öffnen für das weisheitsvolle Walten, das dahintersteht. „Alles Vergängliche ist nur ein Gleichnis", läßt Goethe den Chorus mysticus am Ende des *Faust II* sagen. Und im Werden und Vergehen und Wieder-Neu-Entstehen hat auch das menschliche Wesen Teil daran.

Der Mensch ist – wie Hildegard von Bingen immer wieder betont – nicht nur ein natürliches, sondern darüber hinaus auch ein geistiges Wesen. Der menschliche Geist braucht andere Nahrung, stellt andere Ansprüche als die menschliche Natur. Auch hier ist eine Wieder-Entdeckung, eine Neu-Gestaltung notwendig: Es gilt, ein neues Verständnis für die Jahresfeste zu entwickeln. Weihnachten und Ostern sind derartig mit Kitsch und Kommerz verbunden, daß ihr Sinn kaum noch erkennbar ist. Oder diese Feste werden konfessionell so besetzt und vereinnahmt, daß jemand, der nicht „kirchlich gesinnt" ist, nur abgeschreckt und abgestoßen wird.

Dabei kann gerade aus einer vorurteilsfreien, unbelasteten Beurteilung der Jahresfeste unendlich viel geschöpft werden an Einsicht und Wissen über das menschliche Leben, über seine tiefe Problematik und seinen Sinn. Diese Feste sind gewissermaßen die Jahreszeiten des menschlichen Geistes. Sie können dem Menschen helfen, die geistige Dimension seines Lebens zu *be*greifen und zu *er*greifen – um ein erfülltes und sinnvolles Leben zu leben.

Hildegard von Bingen – Kurzbiographie

1098 Hildegard wird als zehntes Kind einer in Bermersheim (bei Alzey) ansässigen Adelsfamilie geboren.

1106 Schon als Kind wird sie einer Klausnerin zur Erziehung übergeben. Bereits zu dieser Zeit hat sie ihre ersten Visionen.

1136 Hildegard, inzwischen Benediktiner-Nonne, wird Äbtissin.

1141 Sie beginnt unter dem Eindruck einer großen Vision mit der Niederschrift eines ihrer Hauptwerke, *Scivias* (Wisse die Wege), in dem sie eine eigene Anthropologie und Theologie entwickelt.

1150 Hildegard gründet das Kloster Rupertsberg bei Bingen.

1151 Sie beginnt die Abfassung der großen naturwissenschaftlichen Schrift *Physica* und der Heilkunde *Causae et curae*.

1158/1161 Während dieser Zeit ist Hildegard viel auf Reisen, um öffentlich zu predigen.

1179 Hildegard stirbt in dem von ihr gegründeten Kloster Rupertsberg.

Register

abnehmender Mond 67
Ackerbau 32
Advent 116
Äther 25
Alchimie 25, 85
Allergie 18
Amethyst 110
Andrews, Dr. Edson 56
Andromeda 9
anomalistischer Mondmonat 61
Aquamarin 105
Aristoteles 25
Armstrong, Neil 43
Astrologie 7, 37, 61, 95
Astronomie 37, 95
Augustus 95
autogenes Training 72

Beinwell 108
Biorhythmus 72
Blei 91
Blutkreislauf 12, 17
Brennessel 49, 50, 51, 107

Chalzedon 101
Chronobiologie 11

Depression 68
Diamant 103
Dienstag 82
Donnerstag 86
Dreikönigsfest 111

Eisen 76, 82
Elemente 22
Empedokles 25
Empfängnis 58
Epilepsie 18

Erde 24, 31
Erde, Planet 74
Erdzeichen 96, 97
Ernte 46, 48
Eysenck, Hans Jürgen 41

Farben 77, 84, 86, 88, 90, 92, 94
Fastnacht 112
Fenchel 49
Feuer 23, 26
Feuerzeichen 96, 97
Fieber 18, 89
Fische 47, 49, 110
Freitag 88
Früchte 27

Galilei, Galileo 41
Geburten 57
Gemüse 27
Geozentrik 74
Gerste 83
Getreide 77
Gezeiten 44
Gicht 89
Goethe, Johann Wolfgang von 21, 121
Gold 85, 93
Granat 106
Großer Wagen 9

Hafer 90
Herodot 77
Herz 12, 18
Hippokrates 83
Hirse 85
Holz 52
Homöopathie 76, 85, 87, 89, 91, 93

Horoskop 9, 74
Huflattich 101

Innozenz XII. 117

Jahresfeste 20
Jahreszeiten 10
Janus 118
Jaspis 99
Johanniskraut 103
Johannistag 27, 114
Julius Cäsar 95
Jung, C. G. 41
Jungfrau 47, 49, 50, 104
Jupiter 74, 79, 86

Kalmus 106
Kamille 102
Kant, Immanuel 41
Karl der Große 40
Karneol 100
Kepler, Johannes 41
Kneipp, Sebastian 35
Kopernikus, Nikolaus 41
Kopfschmerzen 12
Krebs 47, 49, 51, 102
Kreislauf 12
Kümmel 49
Kupfer 77, 89

Lieber, Dr. Arnold 55
Löwe 47, 50, 52, 93, 103
Löwenzahn 49, 51, 99
Luft 23, 28
Luftzeichen 97

Mais 77, 92
Malaria 17
Malling-Hansen 11
Mariä Lichtmeß 112
Mars 74, 79

Martinstag 115
Meditation 120
Melisse 109
Menstruation 57
Merkur 74, 79, 84
Metalle 76
Michaelstag 115
Migräne 18
Mittwoch 84
Mond
 -monat 33, 43–71, 79, 82
 -phasen 45, 46, 48, 55
 -sucht 54
Montag 79
Morgenmenschen 12, 13
Muttergottheit 32
Mythen 9

Nachtmenschen 12, 13
Nansen, Fridtjof 30
Neptun 74
Neujahr 117
Neumond 56, 71
Nieren 13
Nikolaustag 116

Onyx 108
Orion 9
Ostern 112
Ozonloch 28

Pfingsten 114
Planeten 74–94, 98
Platon 17, 83
Pluto 74
Poseidonios 40
Prometheus 26
Psychosen 17
Pubertät 20
Pythagoras 9

Quecke 49
Quecksilber 76, 84

Rhythmen
  biologische 11
  circadiane 13
  endogene 12
  natürliche 8
  Sieben-Jahre-Rhythmus 18
  Wochenrhythmus 16, 79
Ringelblume 100
Roggen 87

Saat 45, 47, 48
Säfte 55
Salz 70
Samstag 91
Saphir 110
Saturn 74, 79, 91
Schachtelhalm 50, 51
Schädlinge 50
Schafgarbe 105
Schlafstörungen 12
Schlaganfall 18
Schütze 47, 50, 51, 52, 93, 107
Schweninger, Ernst 35
Selbstmord 55
Seneca 71
Sexualität 59
Silber 77
Silvester 117, 118
Skorpion 47, 49, 105
Smaragd 102
Sommer 10
Sonne 72
Sonnengeflecht 72
Sonntag 92
Sphärenmusik 9
Steinbock 47, 49, 91, 108
Steiner, Rudolf 18, 79
Sternzeichen 95–110

Stier 47, 49, 50, 88, 100
synodischer Mondmonat 61

Tierkreiszeichen 39
Topas 104
Tuberkulose 30
Türkis 107

Uhr, innere 14
Uranus 74

Venus 74, 79, 88
Volksbräuche 53
Vollmond 49, 52, 56, 60, 66

Waage 47, 88, 105
Walburga, hl. 113
Walpurgisnacht 113
Wasser 23, 33
Wasserheilkunde 36
Wassermann 47, 91, 109
Wasserzeichen 97
Wegerich 51, 110
Wegwarte 104
Weihnachten 52, 116
Weizen 93
Widder 47, 50, 52, 93, 99
Wilbert von Gembloux 118
Winter 10
Wochentage 78

Yoga 72

Zeugung 58
Zinn 86
zunehmender Mond 66
Zwillinge 47, 51, 101

In dieser Reihe sind erschienen:

GESUNDHEITSRATGEBER

Heidelore Kluge

Hildegard von Bingen

Ernährungslehre ◆ Dinkelkochbuch
Frauenheilkunde ◆ Mond und Sonne
Edelsteintherapie ◆ Gesundheitsfibel
Pflanzen- und Kräuterkunde
Heilendes Fasten ◆ Schönheitspflege
Küche aus der Natur

MOEWIG